"十二五"国家重点图书出版规划项目

中国史话

社会系列

中山史话

A Brief History of Zhongshan

胡 波 著

社会科学文献出版社
SOCIAL SCIENCES ACADEMIC PRESS (CHINA)

《中国史话》编辑委员会

主　　任　陈奎元

副主任　武　寅　高　翔　晋保平　谢寿光

委　　员　(以姓氏笔画为序)
　　　　　卜宪群　马　敏　王　正　王　巍
　　　　　王子今　王建朗　邓小南　付崇兰
　　　　　刘庆柱　刘跃进　孙家洲　李国强
　　　　　张国刚　张顺洪　张海鹏　陈支平
　　　　　陈春声　陈祖武　陈谦平　林甘泉
　　　　　卓新平　耿云志　徐思彦　高世瑜
　　　　　黄朴民　康保成

秘书长　胡鹏光　杨　群

副秘书长　宋月华　薛增朝　黄　丹　谢　安

《中山史话》编辑委员会

主　　任　薛晓峰

副主任　唐　颖

成　　员　胡　波　　刘浩君　　周　萍　　邓　方
　　　　　　虞天识　　卢曙光　　周　武　　高露斯
　　　　　　赵　军　　陈凤娇　　邹慧燕　　招翠珊
　　　　　　黄海迪

总　序

  中国是一个有着悠久文化历史的古老国度，从传说中的三皇五帝到中华人民共和国的建立，生活在这片土地上的人们从来都没有停止过探寻、创造的脚步。长沙马王堆出土的轻若烟雾、薄如蝉翼的素纱衣向世人昭示着古人在丝绸纺织、制作方面所达到的高度；敦煌莫高窟近五百个洞窟中的两千多尊彩塑雕像和大量的彩绘壁画又向世人显示了古人在雕塑和绘画方面所取得的成绩；还有青铜器、唐三彩、园林建筑、宫殿建筑，以及书法、诗歌、茶道、中医等物质与非物质文化遗产，它们无不向世人展示了中华五千年文化的灿烂与辉煌，展示了中国这一古老国度的魅力与绚烂。这是一份宝贵的遗产，值得我们每一位炎黄子孙珍视。

  历史不会永远眷顾任何一个民族或一个国家，当世界进入近代之时，曾经一千多年雄踞世界发展高峰的古老中国，从巅峰跌落。1840年鸦片战争的炮声打破了清帝国"天朝上国"的迷梦，从此中国沦为被列强宰割的羔羊。一个个不平等条约的签订，不仅使中国大量的白银外流，更使中国的领土一步步被列强侵占，国库亏空，民不聊生。东方古国曾经拥有的辉煌，也随着西方列强坚船利炮的轰击而烟消云散，中国一步步堕入了半殖民地的深渊。不甘屈服的中国人民也由此开始了救国救民、富国图强的抗争之路。从洋务运动到维新变法，从太平天国到辛亥革命，从五四运动到中国共产党领导的新民主主义革命，中国人民屡败屡战，终于认识到了"只有社会主义才能救中国，只有社会主义才能发展中国"这一道理。中国共产党领导中国人民推倒三座大山，建立了新中国，从此饱受屈辱与践踏的中国人民站起来了。古老的中国焕发出新的生机与活力，摆脱了任人宰割与欺侮的历史，屹立于世界民族之林。每一位中华儿女应当了解中华民族数千年的文明史，也应当牢记鸦片战争以来一百多年民族屈辱的历史。

当我们步入全球化大潮的 21 世纪，信息技术革命迅猛发展，地区之间的交流壁垒被互联网之类的新兴交流工具所打破，世界的多元性展示在世人面前。世界上任何一个区域都不可避免地存在着两种以上文化的交汇与碰撞，但不可否认的是，近些年来，随着市场经济的大潮，西方文化扑面而来，有些人唯西方为时尚，把民族的传统丢在一边。大批年轻人甚至比西方人还热衷于圣诞节、情人节与洋快餐，对我国各民族的重大节日以及中国历史的基本知识却茫然无知，这是中华民族实现复兴大业中的重大忧患。

中国之所以为中国，中华民族之所以历数千年而不分离，根基就在于五千年来一脉相传的中华文明。如果丢弃了千百年来一脉相承的文化，任凭外来文化随意浸染，很难设想13亿中国人到哪里去寻找民族向心力和凝聚力。在推进社会主义现代化、实现民族复兴的伟大事业中，大力弘扬优秀的中华民族文化和民族精神，弘扬中华文化的爱国主义传统和民族自尊意识，在建设中国特色社会主义的进程中，构建具有中国特色的文化价值体系，光大中华民族的优秀传统文化是一件任重而道远的事业。

当前，我国进入了经济体制深刻变革、社会结构深刻变动、利益格局深刻调整、思想观念深刻变化的新的历史时期。面对新的历史任务和来自各方的新挑战，全党和全国人民都需要学习和把握社会主义核心价值体系，进一步形成全社会共同的理想信念和道德规范，打牢全党全国各族人民团结奋斗的思想道德基础，形成全民族奋发向上的精神力量，这是我们建设社会主义和谐社会的思想保证。中国社会科学院作为国家社会科学研究的机构，有责任为此作出贡献。我们在编写出版《中华文明史话》与《百年中国史话》的基础上，组织院内外各研究领域的专家，融合近年来的最新研究，编辑出版大型历史知识系列丛书——《中国史话》，其目的就在于为广大人民群众尤其是青少年提供一套较为完整、准确地介绍中国历史和传统文化的普及类系列丛书，从而使生活在信息时代的人们尤其是青少年能够了解自己祖先的历史，在东西南北文化的交流中由知己到知彼，善于取人之长补己之短，在中国与世界各国愈来愈深的文化交融中，保持自己的本色与特色，将中华民族自强不息、厚德载物的精神永远发扬下去。

《中国史话》系列丛书首批计200种，每种10万字左右，主要从政治、经济、文化、军事、哲学、艺术、科技、饮食、服饰、交通、建筑等各个方面介绍了从古至今数千年来中华文明发展和变迁的历史。这些历史不仅展现了中华五千年文化的辉煌，展现了先民的智慧与创造精神，而且展现了中国人民的不屈与抗争精神。我们衷心地希望这套普及历史知识的丛书对广大人民群众进一步了解中华民族的优秀文化传统，增强民族自尊心和自豪感发挥应有的作用，鼓舞广大人民群众特别是新一代的劳动者和建设者在建设中国特色社会主义的道路上不断阔步前进，为我们祖国美好的未来贡献更大的力量。

陈奎元

2011年4月

出版说明

自古至今，始终坚持不懈地从漫长的文明进程中不断总结历史经验教训，从中汲取有益营养，从而培植广阔的历史视野，并具有浓厚的历史意识，这是我们中国文化独有的鲜明特征，中华民族亦因此而以悠久的"重史"传统著称于世。在整个人类文明史上独一无二、系统完备的"二十四史"即证明了这一点。

中华人民共和国成立后，历史知识普及工作被放到十分重要的位置。20世纪五六十年代，著名历史学家吴晗主持编写的《中国历史小丛书》，90年代中国社会科学院院长胡绳组织编写的《中华文明史话》和《百年中国史话》，成为"大家小书"的典范，而后两套历史知识普及丛书正是《中国史话》之缘起。

2010年年初，为切实贯彻中央关于"做好历史知识普及工作"的指示精神，同时也为了更好地弘扬中国传统文化，我们对《中华文明史话》和《百年中国史话》

两套丛书的内容进行了修订和增补，重新设计框架，以"中国史话"为丛书名出版。第十一届全国政协副主席、时任中国社会科学院院长陈奎元亲任《中国史话》一期编委会主任，时任中国社会科学院副院长武寅任编委会副主任。正是有了各级领导的关心支持和诸多学术名家的积极参与，《中国史话》一期200种图书得以顺利出版，并广受好评。

《中国史话》丛书的诞生，为历史知识普及传播途径的发展成熟，提供了一种卓具新意的形式。这种形式具有以通俗表述、适中篇幅和专题形式展现可靠历史知识的特征。通俗、可靠、适中、专题，是史话作品缺一不可的要素，也是区别于其他所有研究专著、稗官野史、小说演义类历史读物的独有特征。

囿于当时条件，《中国史话》一期的出版形式不尽如人意，其内容更有可以拓展的广阔空间，为此2013年4月我们启动了《中国史话》二期出版工作。《中国史话》二期分为经济、政治、文化、社会和生态五大系列，拟对中国各区域、各行业、各民族等的发展历史予以全方位介绍。我们并将在适当时机，启动《世界史话》的出版工作。史话总规模将达数千种。

我们愿携手海内外专家学者，将《中国史话》《世界史话》打造成以现代意识展现全部人类历史和人类文明，集学术性、知识性、趣味性于一体的"万有文库"；并将承载如此丰厚内容的史话体写作与出版努力锻造成新时期独具特色的出版形态。

希望史话丛书能在形塑民族历史记忆、汲取人类文明精华、培育现代国民方面有所贡献，并为广大读者所喜爱。

史话编辑部
2014年6月

目录 Contents

序 ··· 1

一 **时空变动中的中山** ··· 1
  1. 珠江口、伶仃洋、香山岛 ································· 2
  2. 文顺乡、香山寨、香山镇 ································ 13
  3. 香山县、模范县、中山市 ································ 21

二 **移民融合下的社会** ·· 34
  1. 香山岛的早期人类 ······································· 35
  2. 入居香山的中原人 ······································· 42
  3. 四海为家的中山人 ······································· 54

三 **生产进步中的民生** ·· 62
  1. 陆事寡而水事众 ··· 63

2. 事农圃而务工商 …………………………… 70
　　3. 参与经济全球化 …………………………… 80

四　中外融通的文化 …………………………………… 89
　　1. 色彩斑斓的民俗文化 ……………………… 89
　　2. 中西合璧的侨乡文化 ……………………… 97
　　3. 汇通天下的商业文化 ……………………… 102
　　4. 博爱互助的慈善文化 ……………………… 108
　　5. 群星璀璨的名人文化 ……………………… 114

五　敢为人先的精神 …………………………………… 123
　　1. 孙中山的民族复兴梦 ……………………… 123
　　2. 香山商帮的全球视野 ……………………… 129
　　3. 文化名家的推陈出新 ……………………… 144
　　4. 航空英雄的冲天梦想 ……………………… 160

参考书目 ………………………………………………… 168

序

"人猿相揖别，只几个石头磨过，小儿时节。铜铁炉中翻火焰，为问何时猜得？不过几千寒热。"中山虽然没有"人猿相揖别"和"铜铁炉中翻火焰"那样悠久绵长的历史，却实实在在地经历了沧海桑田的地理、历史变迁，承接了宋元、明清、改革开放以来三次大的移民浪潮，经受过早期欧风美雨的文化洗礼和当代全球化的市场历练，形成了具有岭南地域特色的香山文化和文化多元而又和谐一体的移民社会。

移民社会是一个开放包容的社会，也是一个和谐共生的世界。从香山到中山，860多年来，这里不仅实现了广府、客家、闽南三大方言民系居民的守望相助、和睦共处，而且也见证了一代又一代新老中山人的社会融合和社会的文明进步。如今，300多万新老中山人，在地域上不分天南地北，在时间上不问入籍先后，大家互敬互学，彼此同舟共济，一起演绎着中山社会的历史文化，共同分享着中山社会的成功与收获。宋元时期，这里是海上丝绸之路的重要驿站；明清时期，这里又是中西文化交流的重要走廊；民国时期，这里是南京国民政府设立的模范县；改革开放时期，这里又成为首批全国文明城市，中国十大最具幸福感的城市之一，并享有"和谐之城""和美之城""博爱之城"的美誉。开放包容的社会，构筑了一个和谐共处的世界。

移民社会是一个文化多元的社会，也是一个充满生机的天地。香山文化实际上是多元文化相互激荡和相互融合的产物。它既蕴涵着中国传统文化和古南越文化的特质，又打下了西方近代文化和南洋文化的烙印。色彩斑斓的民俗文化、中西合璧的侨乡文化、汇通天下的商业文化、博爱互助的慈善文化、群星璀璨的名人文化，无疑是香山文化的绚丽奇葩；而孙中山的民族复兴梦、香山商帮的全球视野、文化名家的推陈出新和航空英雄的冲天梦想，展现的则更是中山人敢为天下先的精神和品格。文化交流和文化创新，给这方热土带来了生机与活力。

移民社会是一个与时俱进的社会，也是一个开拓创新的社会。历史上，这里星光灿烂，人才辈出。新版《辞海》收录的古今中外9000多位名人名家中，30位中山人名列其中。在近代中国，中山人得风气之先，开风气之先，创造了不少中国第一和世界之最，成为政治、经济、文化、教育、科技等领域开风气之先的楷模。改革开放以来，中山人与时俱进、开拓进取、敢为人先，先后获得联合国人居奖、全国科技进步先进城市、全国品牌经济城市、全国质量兴市先进城市、国家历史文化名城、国家旅游城市等众多殊荣，并拥有"中国和谐之城""人民满意城市"等光荣称号。与时俱进、开拓创新，可谓是中山经济可持续发展、社会文明和谐的文化基因。

雄关漫道真如铁，而今迈步从头越。在深化改革的新时期，中山人民正着力破解经济发展与环境保护，体制机制改革与社会和谐稳定等"鱼与熊掌"二者兼得的难题，努力将中山建设成为经济发达城市中环境优良的城市，环境较好的城市中经济发达的城市，先行开放城市中较为平安和谐的城市，平安和谐城市中富有活力和创新能力的城市。

《中山史话》是一部浓缩的中山千年文化和城市发展的历史，也是一部中山人的创业史和心灵史。该书图文并茂、言简意赅、通俗易懂，是中山社会的文化读本，更是千年中山的历史写照。作为大型历史文化系列丛书《中国史话》系列图书的组成部分，它的出版，功在当代，惠及子孙。我作为该书的编委会主任，由衷地感到欣慰。同时，也诚请读者在阅读中山、了解中山的同时，关注中山、支持中山。是为序。

2014 年 3 月

一　时空变动中的中山

今天，人们所了解的中山，在古代文献资料和名人的笔记、传记及诗文里，有着一个让人浮想联翩而又心旷神怡的美名——香山。所不同的是，在历史上，从南宋绍兴二十二年（1152），到民国十四年（1925），作为中国行政区划之一的香山县，辖区曾包括今天的中山、珠海、澳门的全部和顺德、番禺等地的部分地区，是珠江三角洲上的大县；而今天的中山市，其辖区并不包括珠海和澳门及顺德、番禺的部分地区，所辖面积大约1860平方公里，在地理空间上已失去了往日的优势。但值得庆幸的是，这里的人口一直在不断地增长，经济结构也在一直不断地进行自我调整，人民的生活更是在不断地建设和发展中日益丰富多彩。据2012年最新人口统计，中山已有315.50万常住人口，比改革开放前翻了几番，经济总量也比改革开放前有了显著增长。人口的增长、经济的发展和社会的进步，显然弥补了因地理空间的缩小所带来的缺失。

在历史上一直隶属于香山县的澳门，虽然于1553年被葡萄牙人强行租住，但它仍然是香山县管辖的地方。鸦片战争后，葡萄牙人凭借中葡《和好通商条约》规定的"永居管理澳门"的权利，使澳门在形式上脱离了香山县官的监管，但香山与澳门的地缘和血缘关系并没有因此而中断，香山人依然可以进出澳门。

1925年4月15日，为纪念中国民主革命的先行者孙中山先生，改香山县为中山县。1929年，南京国民政府将中山县确定为全国模范县。1949年新中国成立后，出于经济和政治等方面发展的考虑，在行政区划的归属上，珠海与中山分分合合，直到1965年才完全脱离中山而独立建制，成为与中山县平级的珠海县。改革开放后，改珠海县为珠海经济特区。中山县也于1983年改为中山市，1988年升格为地级市。

1 珠江口、伶仃洋、香山岛

在普通的中国地图上，中山不过是珠江三角洲西岸的一个狭小区域而已，与其他城市和地区相比并没有什么特别。但是，在明清时期绘制的中国地图尤其是广东地图上，中山的前身——香山县，只是珠江出海口和伶仃洋交汇处大片水域中的一些岛屿，根本没有今天人们所说的"平畴沃野、广土众民"的博大气象，倒是奔腾不息的珠江和静水流深的伶仃洋，给这个由众多岛屿构成的香山县增添了不少神秘色彩和传奇故事。

一　时空变动中的中山

　　远古时代的香山，其真实面貌，史书并没有提供太多的记载。令人欣慰的是，现代科学技术的测定和地质学家的细致研究，给我们提供了较为可靠的答案：在距今约4700年前的新石器时代晚期，珠江口西北岸的滨线，位于今天的新会城、江门市区、南海西樵、佛山市区这条线上，而东北岸滨线则位于今天的东圃、黄埔、东莞石龙、虎门这条线上。矗立于珠江口的香山岛，距西岸的江门地段大约50公里，距北岸的佛山地段大约90公里，距东北岸的石龙地段大约200公里，距东边的大奚山岛约70多公里。可见，远古时代的香山，实际上是珠江口古海湾中间的一个较大的岛屿——香山岛。

　　地质学家的研究表明，位于西、北江出海处的珠江口西岸，由于受西、北江大量泥沙的冲刷和沉积，滨线逐渐从江门沙、礼乐沙不断向香山岛扩展，西海大部分水域因而逐渐形成陆地。而珠江口的东岸，因不是大江大河的出口，故泥沙冲刷和沉积较少，滨线的变化相对较小，伶仃洋依然一如既往地保持着它自在的深度和广度。在距今约4000年前的新石器时代末期，珠江口西北岸滨线已从佛山地段扩展到今顺德龙江地段，东北岸滨线已从石龙地段扩展至东莞城区地段。当时香山岛距西北岸滨的龙江地段约60公里，比距佛山缩短了30公里，距东北岸滨的东莞城区地段约150公里，比距石龙地段缩短了50公里。

　　直至秦汉时期，珠江三角洲沉积平原尚未形成，陆地的最南端，远在今天中山石岐以北的广州、番禺、顺德、南海。当时的香山全境，均由珠江口外的一些各自独立的小岛组成。这

中山黄圃海蚀遗址

些尚未开发的岛屿与大陆之间，隔着的仍然是一个很阔很深的海湾。在这些被海水包围的岛屿当中，香山岛既是最大的岛也是海拔最高的岛。岛上山脉蜿蜒，面积300多平方公里，连接9个山列。其中位居岛中部最高最大的山脉，有五个高峰，均产木樨、岩桂，故称五桂山。该岛"多奇花异卉"，生产芝草、菖蒲、神仙茶、沉香等名贵花草树木，花开四季，香气袭人，惹得蜂飞蝶舞，可谓风景这边独好。因此，历史上的人们，都乐意称它为"香山岛"。

海上生明月，江外是香山。这个面积不大的香山岛，东面有伶仃洋的呵护，西面有珠江水的滋润，因此有如幼儿一般在父母的怀抱里不断地茁壮成长。从三国、魏、晋、南北朝至隋、唐时期，香山岛仍然是南海郡番禺县最南端的一个大岛。

广州舆图之香山县图（清康熙朝绘）

这里林木婆娑，鸟语花香，泉水甘甜，鱼虾富聚，沙滩海唇曼妙相依，碧海蓝天浑然一体。在人们的想象里，可谓人间仙境、世外桃源。宋代编撰的《太平寰宇记》里就有东莞县香山在"县南隔海三百里，地多神仙花卉，故曰香山"的记载。

但是，山水相拥海天一色、香飘四季的香山岛，在漫长的历史中毕竟与大陆隔海相望，往来交通并不像今天这样便利。岛屿与岛屿虽然近在咫尺，人与人、村与村之间，却又远隔天涯，可望而不可即。尤其是香山岛的狭小局促与大江大海的广大无垠，更使香山岛孤寂蛮荒。明代出版的《永乐大典》就有一些略带遗憾的评说："香山为邑，海中一岛耳，其地最狭，其民最贫。"不过，身处珠江三角洲腹地的明代文人屈大均，对香山这块不断成长的土地和不断进取的移民，充满着深厚的情意和无限的期待。在他的著作里就有这样的话语："古时五岭以南皆大海，故地曰南海。其后渐为洲岛，民亦藩焉。东莞、顺德、香山又为南海之南，洲岛日凝，与气俱积，流块所淤，往往沙潬（滩）渐高，植芦积土，数千百畮（亩）膏腴，可跖而待。"

大自然的造化，可谓鬼斧神工。珠江水滚滚南流，伶仃洋潮起潮落。海洋潮汐的顶托和珠江水的巨大冲击，迫使大量泥沙迅速在香山岛的北面和西面淤积海底，且在不断的沉淀堆积中逐渐露出水面，成为可耕可植的浅滩、沙田和陆地。孤悬海上的香山岛，就是在这种不断的泥沙堆积、出海成陆的自然变动中，缓慢地成长壮大起来，在岛的周围形成了充满希望的沙田和纵横交错的水网地带。大片尚未开垦的沙田和河海交织的水网地带，不仅吸引了四周急待寻求栖身之所的农民，也招徕了躲避战乱的沿海居民。人烟稀少的香山，因为他们的到来而开始有了生命的气息。到了唐代，香山岛已经出现了"家室殷富，驵僮布满山谷，皆纨衣鼎食"的富户人家。

宋代是香山人口激增和社会发展的关键时期，也是香山生态环境和自然景观快速转变的阶段。宋元易代之际，北方战乱，大批中原望族集体南迁。他们沿着珠江水系的北江、西江和东江顺流而下，辗转来到香山，直接成为香山沙田开发的主力军。《南海志》中曾有这样的记载："大抵建安东晋永嘉之际至唐，中州人士避地入广者众，由是风俗变革，人民繁庶。至宋承平日久，生齿日繁。"《小榄麦氏祖谱》也说："自宋南渡后，我麦姓五必公均南迁广州，而必达祖遂至黄圃，甫抵其境，见西沙高峙，石门迥开，溪声悬泻，土沃泉甘，谓此诚避地，遂相比

北宋香山地图

隙，筑室而居。"他们的到来，不但为香山农业生产和围海造田带来了先进的技术和治水的经验，而且也直接改变了香山地区的自然生态环境和人文社会风貌。原始生态因大幅度的开发而蛮荒不再，代之而生的是自然的人化或人化的自然。

香山岛周边的沙滩、潮田，就是在这种天时、地利与人和的环境条件下，得到围垦和开发利用的。同时，由于山洪冲泄及岸滨积附，香山周边岛屿的海岸不断向外延伸，出现了浅湾变海滩、海滩变沙田、沙田成陆地的现象。在五桂山、凤凰山、黄杨山周围，逐渐形成了一些大的冲积平原。五桂山南面的平岚平原、北面的石岐平原和东面的南朗平原，就是在这种

南宋香山地图

相对缓慢但极为有效的围垦方式和自然力量双重作用下形成的。从唐代到北宋，特别是南宋和元朝时期，珠江口西岸的滨海线又向香山岛靠近了许多。北段从顺德大良延伸至香山黄圃，中段从江门扩大到礼乐，南段从司前扩展到双水口，而最南面的牛牯岭和黄杨山周围的浅滩和小岛，也处处成田成陆。香山岛本身也较以前向四周拓宽了不少土地，除原有的长安、丰乐、永乐、长乐、仁厚五个农村和渔村地段外，香山岛的东西两侧岸滨附近，又有大片海滩等待着人们前来开发垦殖。

通常，大自然自身的变化是在四季交替的时空中缓慢进行的，而自然的人化或人化的自然，则是在人们的直接参与和切

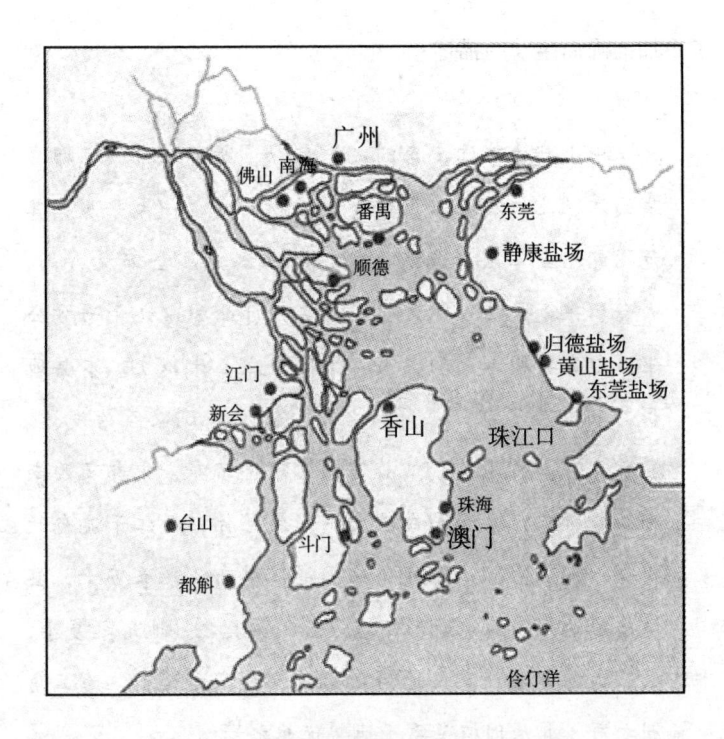

元代香山地图

身感受中实现的。从陆地上渡江跨海而来的中原人，或从沿海泛舟飘然而至的沿海居民，往往是聚族而居，联合围垦，在珠江口外、伶仃洋畔和香山岛周围，相继开发出了不少新的农田，修筑了保护农田的堤坝，开辟了便于交通往来的道路，兴建了起居、祭祀和聚会的房舍、祠堂和庙宇，从而人为地加速了自然生态环境和社会生活条件的改变。清道光时期，祝淮在《香山县志》自序中说："广州滨海县七，而香山独斗出海中，勃郁淑之气……洵沃土奥区也，早有地理之见。"近代香山人何大章在《中山地形志》一书中，对家乡的自然生态环境作

了更加准确而生动的描述:

中山县为珠江三角洲之一部分,所称三角洲,即粤省西江、北江及东江出口合力冲积而成之一大平原,其范围包括今本县、南海、顺德、三水数县全部及番禺、新会、东莞等县一部之地,据实测计面积逾九千平方公里,以本县所占面积最大,达百分之三十以上。本县地形,一般显示河口三角洲之特征,冲积现象至为发达。县境北部一片平原,田畴万顷,河道密布;中部及西南部山地崛起,自西南向东北,形式雄伟,西江干流自此出口,水流浩荡;海外岛屿,星罗棋布,景象万千,县境平原地形、山地地形及海岸地形毕具之,地形之复杂,较三角洲各县为甚,地力之富庶,物产之繁多,为三角洲之冠,其原因概关系于地势优越之影响。

在漫长的自然力和人力双重作用下,香山虽然不可避免地丧失了岛屿和海洋的部分属性,但在无意之中获得了陆地特性和农耕文化。如今的中山,虽然没有香山县和中山县时期那样辽阔的土地面积,但地理和历史变迁形成的北低南高,有山有水,有丘陵、台地和沙田、水乡的自然风貌,为中山经济社会的发展提供了不可多得的自然和物质保障。在珠江三角洲和岭南地区,中山地处低纬度,全境均在北回归线以南,属南亚热带季风气候,太阳辐射能量强,终年气温较高;濒临南海,夏季风带来大量水气,成为雨水丰沛的主要地区;地形以平原为

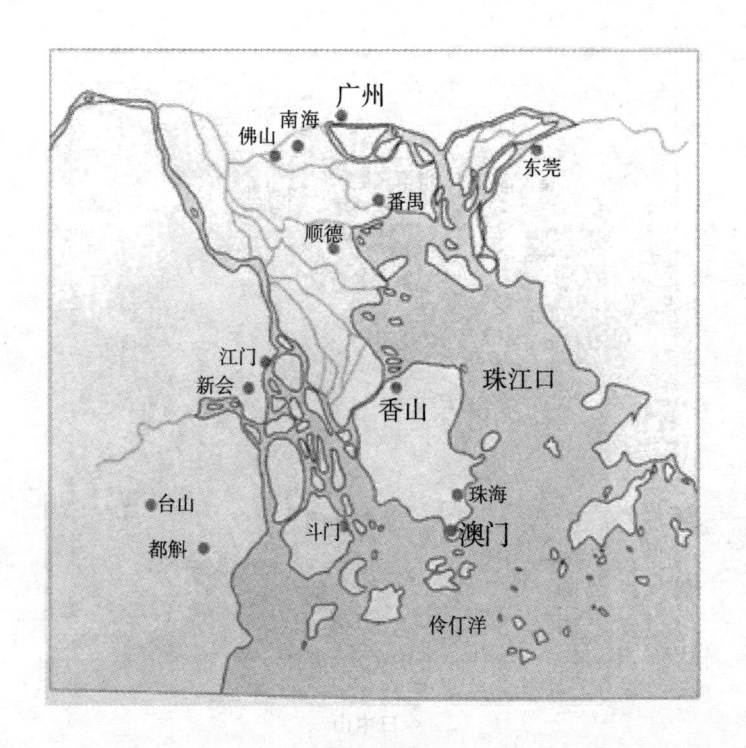

明代香山地图

主，但中南部有较大面积的低山丘陵分布，适宜耕种多种农作物，发展农业生产；而且其东临伶仃洋，珠江八大出海水道中有磨刀门、横门、洪奇沥等三条水道经市境出海，形成了平原河网和低山丘陵河网两个区别明显而又相互联系的水系，既有利于农田灌溉和洪涝排泄，又为人们的生产生活和对外交往提供了便利条件。

珠江水、伶仃洋，在历史的时空变动中，不仅是香山沧海变桑田的巨大推动力，而且也为香山经济、社会发展提供了良好的自然环境和物质条件。珠江和伶仃洋的交汇处，是淡水和

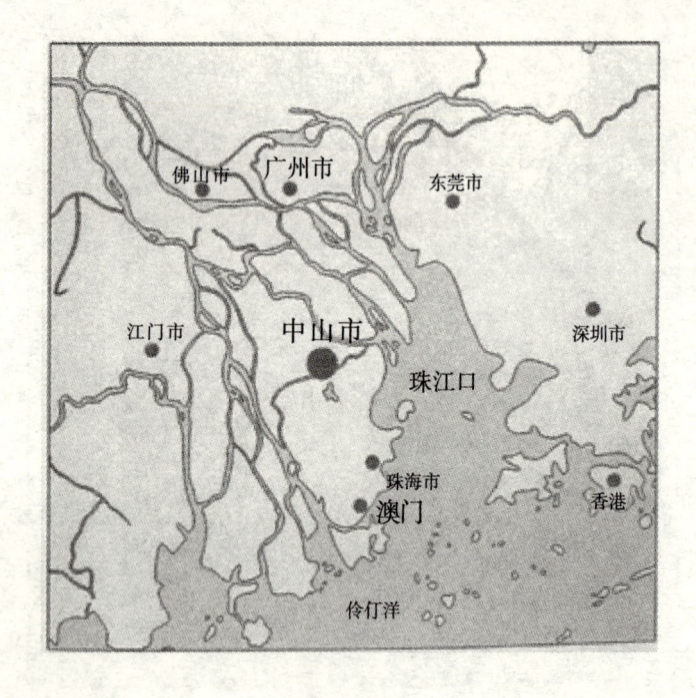

今日中山

咸水融合的地方。咸涩的海水使今天的中山人拥有宽阔、博大的胸襟和深邃的思想；而平淡的珠江水使今天的中山人感觉亲切、甜蜜、安全、满足和幸福。香山在漫长的历史长河里，经历了从孤独、蛮荒的海岛到丘陵与平原交错、水网纵横的地理变迁，可谓是沧海桑田，换了人间。如今，香山岛已不再是纯地理上的一个岛屿了，它已经成为回顾历史和文化记忆的对象。今天的中山人在文化上与有岛国之称的英国人和日本人存在着惊人的相似，这也许与他们的祖先长期居住和生活在海岛上的经历有关。他们务实重行、坚韧不拔、处事低调、为人和善、内敛自信、讲究体面、不喜张扬，骨子里隐藏的仍然是岛民的做派。同时，沧海桑田的历史地理变迁，不仅给中山人提供了生产劳动的物质基础和社会交往的广阔前景，也赋予了中山人农耕社会的乡土品格，即勤俭、朴实、热情、友好、忠厚、善良、谨慎和豁达。咸淡交融的广阔水域，山水共生的自然环境，成就了一方水土，养育了一方人民。明代邓迁对香山的自然与人文曾有过这样的评述："香山内周邑井，外接岛夷。四顾汪洋迥千里，而孤闻者阔焉。其士民错居阻险，思奢俭之中，勤耕织之务，能知其所为己。"近代中山人郑道实更是感同身受地说：

> 吾邑三面环海，有波涛汹涌之观，擅土地饶沃之美，民情笃厚，赋性冒险，阊阓栉比，林壑森秀。士生其间，既获游观之乐，复鲜生事之厄，孕育涵濡，历世绵邈；或则家承诗礼，学有渊源；或则起自孤根，性耽风雅，兴之所至，发为咏歌。虽则丰啬各殊，显晦异致，然关河边塞，能为激壮之音，吊往惊离，不胜凄惋之调，鉴其佳什，奚让前贤。兼以僻处偏隅，鲜通中土，无门户主奴之见，有特立独行之风。

2 文顺乡、香山寨、香山镇

在中国古代王权体制下，所谓"普天之下莫非王土，率土之滨莫非王臣""六合之内，皇帝之土""人迹所至，无不臣者""土地,王者之所有"和"天子以四海为家"等思想话语,固然有王者的霸气,却缺乏统驭的实力。古代中国历史表明,在中华民族一体格局尚未形成之际的秦汉,甚至隋唐时期,边远偏僻的岭南疆域,依然被认为是蛮荒之地,历来是朝廷被贬官员流放之所。地处珠江口外伶仃洋中的香山岛,在先秦时期,更是一直处于未开发的落后状态,甚至没有正式纳入帝国的政治版图。

虽然考古发掘的文物和众多的沙丘遗址已经昭示着四五千年前的香山岛,早就有了人类活动的足迹,香山岛与陆地之间也存在着一定的联系,但是严格说来,远古时代的香山岛内部,并未形成自己的社会组织,周边地区的政治势力也没有直接影响岛上先民的生产劳动和日常生活。直到秦汉时期,香山岛才纳入王朝统治的版图,隶属南海郡番禺县。《史记·秦始皇本纪》说"略定扬越,置桂林、南海、象郡",指的就是公元前221年秦始皇统一六国后,派国尉屠睢、大将任嚣、赵佗等领兵50万,从楚地出发,分三路进军南越:一路过大庾岭,下浈水;一路过骑田岭,下连江;一路过萌渚岭,下贺江。奉命南征的秦军,跋山涉水,穿越丛林迷障,经过七年征战,终于平定五岭以南的桂江、珠江、韩江流域的广阔地区。公元前214年,秦朝在新平定的岭南地区,设置桂林、南海、象三郡,标志着岭南正式纳入专制统治者的政治控制范畴,进入中国政治版图。今广东省大部分地区曾属南海郡,郡治番禺(即今广州),下辖番禺、四会、龙川、博罗四县。有意思的是,秦朝的职官制是郡设郡守、郡尉、监御史，分掌政务、军事和监察职能，但当时岭南三郡新增设的"初郡"，尚属"军政"时期，官制尚未完备，故郡尉统管一切。按朝廷的旨意，大将任嚣任南海郡尉，赵佗任龙川县令，他们二人实际上已成为岭南地区的首任行政长官。

但是大秦帝国的"万世基业"并未按照始皇帝的意愿代代相传，他驾崩不到两年的光景，在中原地区就爆发了陈胜、吴广领导的农民起义，他苦心经营的一统江山很快土崩瓦解，代之而起的则是刘邦建立的西汉王朝。也就是在中原战马嘶鸣、政治尚处真空状态之时，南方的赵佗于公元前206年在岭南建立了自己的独立王国——南越国，以番禺为中心，他自立为南越王。香山岛也因此世变而被迫纳入南越国南海郡番禺县，岛上的土著自然成为南越王赵佗的子民。赵佗执政70年再传后代子孙，但在公元前111年后，又被强行纳入汉朝的地方郡县体制。香山岛也随着这一体制的改变而更换了身份，成为汉朝南海郡番禺县南部的一个海岛。这种行政隶属的关系，一直延续到晋代即公元331年，才改隶属于东官郡宝安县。

其实，在秦汉至隋时期，这种行政隶属关系的转变，对香山岛来说并没有太多的实际影响。但到唐朝隶属宝安县后，香山岛与陆地的联系就更加便利、更加紧密了，从陆地上迁移到香山岛的中原人也有了一定的政策保障。唐代至德二年，即公元757年，宝安县更名为东莞县，香山岛也在这时开始设立文顺乡，正式成为最小的地方行政机构。而在文顺乡中,按居民聚落分布的特点,分成五个自然村:其一为长安村,即香山岛南端的岛岸和岛屿,包括濠潭(今珠海山场村)、鸡柏(今珠海的唐家村)、濠镜澳(今澳门)一带的渔村、盐场聚落;其二为丰乐村,指香山岛中南部、五桂山以南和金斗湾以北的丘陵、平原地区,包括桥头、平岚、榕树铺、马鞭埔、茅湾一带的民田、潮田农村聚落;其三为仁厚村,指香山岛的西部、五桂山西北部的河网、平原、丘陵地区,包括石岐山、仁厚里、釜涌、沙涌一带的渔村、农村聚落;其四为永乐村,指香山岛的北部、五桂山以西的河网、平原地区,包括宫花水上游、神涌、濠头、西桠一带的渔村、农村聚落;其五为长乐村,指香山岛东北部的滨岸和岛屿,包括宫花水下游、小隐涌、珊洲和马安岛一带的渔村和农村聚落。这五个村虽然并非香山岛所有居民和村落的全部,但大体上反映了唐代香山文顺乡行政建置时的地区规模和社会特点。

值得注意的是,在唐代,香山岛不但有了行政乡的建置,而且还在乡的驻地濠潭(山场村)设置香山镇,作为戍边军事单位,镇将品级与县令相当。唐朝政府在设文顺乡的同时又建立军镇,其目的主要在于加强边疆海域的控制。唐朝时期,来自海外的"番人""番舶"逐年增多。这些"番人"和"番舶"成分复杂,有的来自印度、暹罗、安南,有的来自阿拉伯、波斯等国,他们来中国的主要目的是通商,但也有传播佛教、伊斯兰教和进行文化交流的动机,还有一些海盗混入其间,从而增加了政府管理和监控防范的难度。尤其是唐代实行对外开放和鼓励通商政策，于公元661年在广州设置市舶使，总管东南海路外贸外交以后，广州"每岁自昆仑乘舶以珍物与中国交市"，"海外诸国，日以通商"，"狮子国、大食国、骨唐国、白蛮、赤蛮等往来者，种类极多"，珠江中"有婆罗门、婆斯、昆仑等的不知其数，并载香药、珍宝，积载如山，其舶深六七丈"。

日益增多的外国侨民在广东一些沿海口港，特别是在广州，已经形成了一股强劲的势力。"藩僚与华人错居，相婚嫁，多占田，营第舍，吏或挠之，则相挺为乱"，有时甚至发展到与地方当局抗衡、攻城夺邑的地步。为妥善安置外侨和加强"番舶"管理，朝廷在广州设置"蕃坊"。安史之乱后，朝廷为进一步加强对地方豪强和外商的控制，先后在边疆、海疆增设军镇。香山岛地处珠江出海口和伶仃洋的要冲，是"番舶"出入和停泊的地方，是唐朝南大门的海防军事要地。香山镇的设置，自然顺之成理，它肩负着守卫海疆的职责。但它当时纯属军事机构，为兵部所辖，与州、县等地方行政系统没有直接关系。

香山岛在唐朝时设文顺乡和香山镇，这一方面表明香山岛经济、社会有了较快的发展，另一方面也说明香山岛的政治和军事地位有了前所未有的提升。到了宋代，香山岛的重要性更加明显，人口的自然增长和经济实力的增强，以及未来发展的潜在优势，使一些有识之士开始感到行政建制上的局限和不足，希望朝廷给予更多的地方行政权力。

北宋元丰五年（1082），广东运判徐九思采纳香山进士、前鄂州军事通判梁杞的建议，请求朝廷改香山为县未获批准，但同意设置香山寨。香山寨址，选定在五桂山南面的濠潭（今珠海山场村）。新任的寨官，专门负责巡捕盗贼，维护香山地方的社会秩序。设县的请求未获朝廷批准，主要理由是香山岛的经济还处于较低水平，不符合设县的基本条件。

为鼓励香山人从事经济建设和土地开发，朝廷不久便批准将香山寨升格为香山镇。按宋朝行政体制要求，县以下的小商业都市一般称镇，是处于县与寨之间的一级行政单位。不过，香山改寨为镇，朝廷并没有委派专门的官员到任司行政之职，仅设寨官一员，表明香山仅有镇级建制，由寨官行使镇级官员职责。香山寨合法地改称为香山镇，下辖长安、仁厚、丰乐、永乐、长乐、永宁、德庆七个村，行政区域包括香山岛及周围的许多小岛。建镇后的香山，吸引了四面八方的移民，也招徕了一些海上客商。人口增多了，生产和消费增加了，鸡犬之声相闻、老死不相往来的生活格局，在这种经济和文化互动日益加强的环境下被打破，移民之间也自动地撤除了相互防范的藩篱。在随后的半个多世纪里，香山镇因应时势的变化，因地制宜地发展农业、渔业、盐业和其他副业，与外界始终保持着经济、文化方面的往来，岛屿之间、村落之间的联系在过去的基础上也有了明显的加强。整个香山镇呈现一派欣欣向荣的景象，居住在岛上的香山人因此对未来的政治和社会生活充满无限的期待。

大概是在梁杞、徐九思第一次向朝廷申请香山建县未果的

一 时空变动中的中山 19

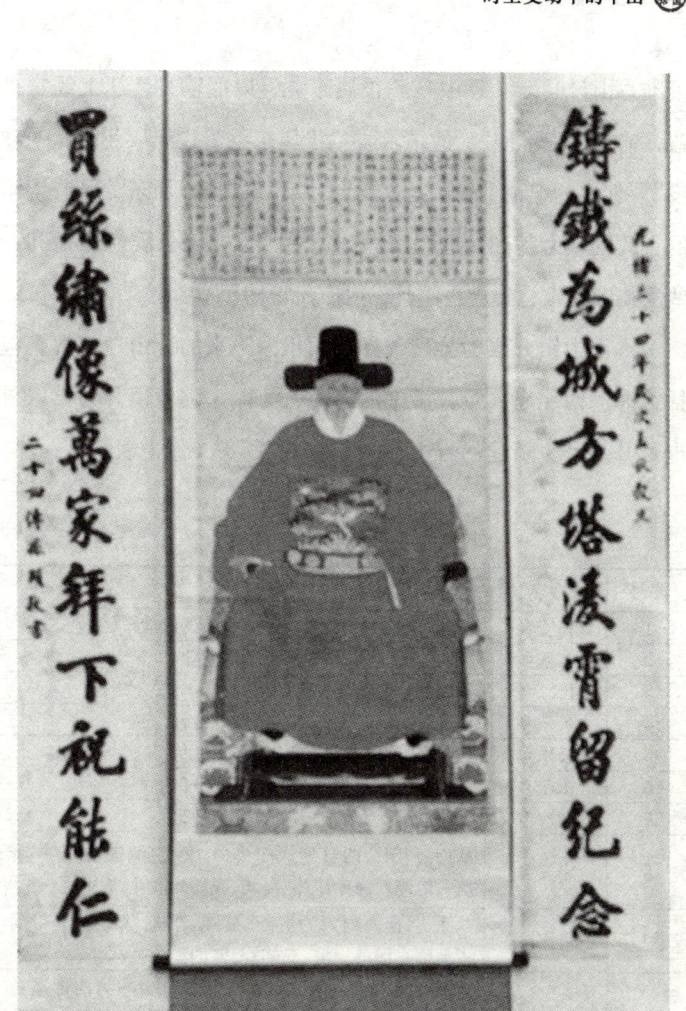

开县先贤陈天觉像

70年后，南宋绍兴二十二年（1152），香山镇寨官陈天觉与东莞县令姚孝资重新商议申请香山建县之事。在得到邑人和有识之士的赞成后，他们联名上书朝廷，详述香山建县的理由，恳求批准香山设县。其理由是"役属东莞,以船输役,江上经常被盗,输役往来不便",故请求改"役属东莞为役属广州,以便输役"。他们的申请上报朝廷后,"终获诏准"。以原东莞县香山镇的行政区域为基础,并划南海、番禺、新会三县滨海之地和一些岛屿归香山,建立香山县,由广州管辖。

香山由镇升级为县后,县域面积由原来的香山岛扩大到包括古海湾西北岸,及其沿岸的海岛、海滩。随着镇升为县,村也就升为乡。新建的香山县,下辖10个乡(见下表)。

香山县所辖乡村一览表

序号	乡名	管辖范围
1	长安乡	山场、鸡柏、上下栅、濠镜澳一带的渔盐矿区
2	丰乐乡	桥头、平岚、乌石、茅湾一带的农业区
3	仁厚乡	石岐、釜涌、沙涌一带的农业区
4	永乐乡	濠头、官花、神涌一带的渔业农业区
5	长乐乡	黎村、小隐、横门一带的渔业农业区
6	永宁乡	南朗、翠亨、崖口一带的渔业农业区
7	德庆乡	沙溪、溪角、大涌一带的渔业农业区
8	宁安乡	从南海、新会两县划入的小榄、大榄、海洲、曹步一带属古海湾西海的岸滨、岛屿、浅滩的渔业、农业区
9	古海乡	从番禺、南海划入的黄阁、黄圃、浮虚、万顷沙一带属古海湾东海的岸滨、岛屿、浅滩的渔业、农业区
10	潮居乡	从新会划入的斗门、赤坎、三灶岛及金斗湾西部属古海湾西海南部及磨刀门之间的群岛及浅滩的渔业、盐业区

除了这10个行政乡外,在香山县的南部海域还有南海诸岛,包括今天的大小万山、大小横琴、高栏岛一带的岛屿和海域。这时香山县的陆地和海域面积大约为2800平方公里,人口约1万户,5万余人。香山县的农田面积,除新沙田、潮

田、海滩、新开垦田未计入外，经核明按例交纳赋税的正式农田达200多顷，约2万多亩。但是，这样的土地面积和人口总数，以及缴纳赋税的农田数，在当时的县级建制中，仍然属于下等县。

3 香山县、模范县、中山市

1152年，香山经过漫长的地理和社会变迁及文化积累后，改镇为县的申请，获得朝廷的批准，但是定居在香山岛及周边岛屿的香山人，面临的首要难题便是县治的选择和修筑城府的人力、财力的筹措。因为选择县治不仅关乎政治权力运作和管理实施，而且影响经济发展和社会治理。新建的香山县，既拥有香山岛本土及周边的群岛，又覆盖新增的番禺、南海、新会三县的边陲滨地和海岛，县内有山川有河网，四周大部分地区仍处在江海包围之中，选择县治必然要综合各方面的因素来考虑。

古代都城选址像家族盖房子一样，十分讲究风水的利用和环境的改造，古代中国人大多相信前人建房筑城选址的做法：

> 依山者甚多，亦须有水可通舟楫，而后可建，不然只是堡塞去处。至于督藩大府，京都畿甸，皆平野旷阔，水为绕缠，不见山峰。盖不如此则气象不宽，堂局不展。如头面窄，规模狭，止可作小小县镇，亦不可作大县也。盖龙到大尽处，必是被大江大河拦截无处去，方得他住。及到此田地，必皆是平原旷野非常人之所能收拾。

而且他们普遍认为，最理想的都城吉地通常必须具备以下几个条件：一要有村落，二要有农业，三要有水陆交通，四要有平坦广阔的地段，五要有山川、津逮的险障。如果还有风景名胜、龙盘虎踞的辅助，则被认为是最适宜居住的城市和最容易获得社会发展的风水宝地。风水作为一种中国特有的文化，不仅体现在古代城市、庙宇、乡村、道路、住宅、墓地的选址和规划建设之中，而且渗透、积淀为中国人心理层面的审美文化取向，成为中国人世代相传的风俗习惯。

香山立县建城，不像世界上其他城市那样，选择在水陆交通要道、经济繁荣、人口集中和文化厚重的枢纽地带，而是选择了一个四面环海，经济、文化和人口优势并不十分明显、位于香山岛北部的石岐平原。从五桂山长命水至石岐烟墩山一带，有较多的名胜古迹和迷人的风景。以石岐仁厚里为中心，莲峰山、石岐山是东西相对的"青龙""白虎"，釜涌河、岐头涌南北分流，西山、仁山、寿山、丰山、盈山、福山、凤山等组成的"七星伴月""长洲烟雨""石岐晚渡"等自然与人文交织的美丽景致。而且，石岐南有高耸的五桂山脉，北有广袤的平原和辽阔的海面，与广州、番禺、东莞、佛山、江门等陆地相距较近，便于南来北往的官商聚集和各种商品货物的集散。

但是，筑城石岐，也有它的局限。在宋代，石岐周围都是宽阔的水面，北部和西北部是一望无垠的石岐海，南面五桂山脉被海水隔断而难以倚仗，城里城外的人进进出出都必须依靠船舶，行动自然极不方便。而且这里地处南疆海域，天高皇帝远，民少匪患多，县城的选址和建筑，就需要既利于民生福祉又便于控制和防守。因此，选择在石岐建城，当时人对此十分慎重，颇费一番周折。

在选址的时候，香山各乡之间也产生了激烈的争论。有的主张选在五桂山西南面的三乡平岚平原，那里有发达的农业、盐业和集市贸易，农户千余家，水陆交通便利，是筑城建县发号施令的好地方；有的认为应选在南端的凤凰山周围的长安乡，其一衣带水的海滨陆地和零星岛屿，渔、盐和工商业都比较发达，更有银矿和造船工场，人口也有千余户，同样具备建城的条件；还有人认为，应在五桂山东西两侧新成陆地的高沙田区选址建城，将利于沙田开发和土地利用，便于农业、渔业、盐业和工商业的发展。但争来议去，最后还是选择了石岐。

选好城址后，经过两年多的建设，终于在绍兴二十四年（1154）竣工，一座簇新而又壮美的香山县城，屹立在南台山下石岐河畔的广阔平原上，为这个花香瑰丽、宁静温馨的香山岛，增添了一座威武的城堡。在选址时，据民间传说，曾发生过"炼铁和泥"和"秤土"的故事，后来人们便风趣地称这座在伶仃洋上兴起的县城为"铁城"。不过，当时的县城，在建筑设计理念上与传统建筑理念并没有太大的差别。和中国大多数县城一样，铁城不仅保留了中国传统城市的规划风格，而且恰到好处地体现了香山人灵巧持重、内方外圆的文化性格。

城内，正中为香山县署，署前街有一条东西向的大街，取名为永宁街，横贯启秀和登瀛东西二门。县署左侧为拱辰街，右侧为武山街，对面为治安街和水关街，背后为仁厚里、寿山里、康灿里等。总计起来，历代城区一直保持着十多条街道，居民则多为官宦、豪绅、地主之家，但习惯上他们总喜欢自称是城里人或铁城人。

城外，四个城门只有西门口外有街道和较密集的民居区，他们大多是做生意的小商、小贩和为城里人提供服务的酒楼、店铺里的伙计。从西门口至石岐津渡码头，有一条能通马驿的东西通道，横贯石岐山之南，人称石岐大街。在石岐山（又称烟墩山）正南路段两旁，有十八间商铺店栈，通称"石岐十八间"。在十八间周围，聚集了一批流寓此地的居民，他们多是商贾、渔民、疍民，以及南来北往的旅客。石岐大街西端的石岐津渡码头，称作石岐闸，有军队把守，码头四周停泊着众多船艇和疍民、渔民的棚屋。整个十八间和石岐闸的居民，被称为石岐大街市人或石岐埠人。

清乾隆十五年（1750）时所绘的香山县城图

一　时空变动中的中山

在中国的古代社会，城与市是各自独立的体系。城指周围的城墙；市指市场，是交易之地。城与市虽然在性质、功能和结构布局上略有区别，但实际上二者相辅相成。尤其是随着经济发展和商贸发达，城里与城外逐渐形成了一个整体。后来，人们习惯上将城与市合在一起统称为城市。香山人在石岐筑墙为城，形成了内城外市的格局，从而大大加速了香山经济社会和文化教育的发展。明代嘉靖时期修订的《香山县志》，对县城的独特地势曾作了这样的描述：

> 县城东南山陵，西北水泽，设治于屿北，而四周皆海，居然一小蓬岛也。大尖、胡洲笔峙于前以为望，乌岩、香炉屏障于左以为镇，龙脉拥入县治，隐而不露。登高而视，襟带山海，真岭表之奇境也。西有象角海口，北有县港海口，潮则弥漫巨浸，汐则浅隘难渡，虽近外海而无番舶之患，此实溟海咽喉，自然天险，广郡之要津也。

石岐建城后，各朝各代的官员和居民，因势利导，在埋头发展工商各业、悄悄地充实自己的腰包，改善自己生活条件的同时，也很用心地推动经济和文化的发展。不到几十年的工夫，县城石岐就成为香山政治、文化、军事和经济的中心。

立县建城后，南来北往的商船，将各地的货物运到这儿销售，游客和官宦人家也常常到此游览观光。早在石岐建城之前的唐代，就有不少骚客、游子在此留下了脍炙人口的诗篇。唐代香山仕人郑愚，在过石岐海时，触景生情，借景抒怀，写下了气势磅礴的《泛石岐海》诗篇：

> 此日携琴剑，飘然事远游。台山初罢雾，岐海正分流。渔浦飕束笛，鸿逵翼去舟。襞愁蒲柳早，衣怯芰荷秋。未卜虞翻宅，体登王粲楼。怆然怀伴侣，徒尔赋离忧。

诗中的"台山"即南台山，"岐海"即石岐海，都是当时香山的两个有名的景致。明代黄仲翁的诗"野船春浪急，行人东复西"，说的就是香山八景之一的"石岐晚渡"，而"闾阎城南夜，澄鲜一望中。可怜台上路，举步是蟾宫"，讲的则是八景之一的"南台秋月"。

不过，县城石岐，虽内城与外市勾连在一起，仍然比不上内陆城市的规模和气势。自唐宋至明清之际，石岐实际上一直是被海水环绕的一座小岛，西北面的石岐海依然是其天然的屏障，也是联系周边陆地上一些县镇的阻碍。"石岐晚渡""金鼓朝阳""长洲烟雨""浮墟春涛""阜峰文笔""天然芰荷""金紫岩溜"和"南台秋月"，在文人雅士的心目中，虽然被看作石岐周边最亮丽的风景，是他们心驰神往的地方，但是，直到明清之际，香山地方经济仍然处于相对落后的状态，人们的生活并没有文人骚客和官宦富商所说的那样悠闲、安逸和富足。自然风光的朴实纯美，有时也暗示着生产的落后和生活的粗糙。明代乡人伍瑞隆，曾用诗文淋漓尽致地表达了自己心里的感悟，道出了其时香山经济和民生方面的艰难："城边河水碧如葱，城外扁舟晚渡风。日落月来天在水，行人浑入镜光中。"

明清之际,香山特殊的地理位置和大片待垦的沙田,吸纳了更多的沿海居民,也汇聚了不少行商坐贾。香山由于这些人群的到来而增添了经济活力和生活情趣。乡籍宿儒黄佐,在《石岐夜泊》中,以气势恢弘的诗文,向人们描述了家乡的山川秀丽和风物华美:

> 香山秀出南海壖,四围碧水涵青天。七星峰峦拥楼阁,北斗照耀开云烟。云烟长自峰峦起,复露千家连百里。渔歌菱唱不胜春,桂棹兰桡镜光里。石岐夜泊白鸥沙,南台飘渺浮梅花。蛟浦澄澄洗明月,龟城霭霭升繁霞。繁霞明月从昏晓,翠旗朱甍纷窈窕。井澳空传北骑仙,乌岩多见南枝鸟。鸟飞仙去杳难寻,木自成桥水自深。登堂一入青山郭,尚友惟闻绿绮琴。绮琴古韵真奇迹,正气当年动廖泬。共言解愠协熏风,谁悟知音愁白雪。白雪熏风调莫弹,栽桃栽柳世称难。身随列宿归天上,迹此灵光寄人间。大北山前松柏老,寿星原上多瑶草。采采今为南陌行,迢迢昨忆青门道。道出青门月子冈,浴凫飞鹭满莲塘。竞夸北里量牛马,绝胜西康集凤凰。豪华比屋何须数,海错山珍弃如土。到处那无种玉田,营家自有藏金坞。豪华堪美亦堪悲,零落山邱能几时?红锦葳蕤装半臂,磨灭芳名谁复知。此时壮志期鸿鹄,此夜疏镫照帆宿。浩歌梁甫回阳春,沧波渺渺桑田绿。

中国社会的发展虽然像青春少女般款款翩翩地进入大清王朝时代，但香山这块多神仙花卉、四季飘香的神奇之地，依然不为大多数中国人所知。她还是按照自己习惯的方式，面朝大海，背靠大陆，一如既往地茁壮成长。有清一代，石岐北面的小榄、黄圃等区域已是沙田陆地，石岐海也在沧海桑田的变迁中逐渐萎缩，变海为江，由江成河，大部分河床因泥沙淤积而出水成陆。但是，"石岐晚渡"和"长洲烟雨"的风景，依然让游人流连忘返，感慨万千："阜峰孤峙瞰汪洋，地轴何年出大荒。岂有巨灵遗翠管，恍疑帝子捒天章。崖边虚忆龙蛇蛰，涧底无劳蝌蚪藏。好蘸银河挥翰笔，可能作字挟风霜？"

香山县在经历了宋、元、明、清四个朝代的更替和经济社会的不断发展后，于1912年进入新的历史阶段。两千多年的封建专制废除了，代之而起的是新生的中华民国。帝制不复存在，但旧制度遗留下来的县级制仍被沿袭下来，原有的香山县只是做了一番改旗易帜的表面功夫，就成为共和体制下的一个地方政府。1921年，孙中山在广州出任中华民国国民政府非常大总统，宣布正式进入军政、训政、宪政三个阶段的军政时期，要求广东健全各级政权机构，撤县知事，民选县长。香山县被列为上等县。孙中山委派香山三乡人吴铁城回乡参加县长的竞选。同年11月28日，吴铁城如愿以偿地当选为中山有史以来第一任民选县长。上任后的吴铁城为了加快中山城市现代化的步伐，改善城乡居民生活条件，于1922年开始"拆铁城城墙，筑马路，以利商贸"。尽管他的拆城墙、修马路、建新城的倡议受到保守势力和既得利益者的阻拦，但他还是在香山

一 时空变动中的中山　29

民国时期的孙文西路

商会和有识之士的大力支持下，结合国内外城市建设的经验和当时铁城石岐的实际状况，规划兴建十条马路。吴铁城上任不久后离职，继任的县长如走马灯似地换了一轮又一轮，但这些后任的县长如朱卓文、李蟠、许蓂、李禄超、黄居素、唐绍仪等，都是香山人，他们都有爱乡爱国的情怀，都有发展工商业、加快城市现代化建设的梦想。因此，石岐的旧城改造和新城建设如期推进，卓有成效。1922~1933 年，吴铁城所规划的孙文西、孙文中、孙文东、凤鸣、太平、民族、民生、拱辰、长堤、悦来十条马路先后修筑完成，成为贯通东西、纵横南北的县城城区交通主干道，将数百年来逐步形成的铁城、石岐、沙岗、东门、南门五个分隔地段连成一体，使城区面积从原来的 1.5 平方公里扩展到近 5 平方公里。明清时代重修的城墙、门楼等已风光不再，但扩建改建的县城古风犹存，传统的香山县铁城的历史，依然在硕果仅存的明城墙、月山公园、烟墩山古塔、榕树头和街坊老宅中找到辉煌的记忆。

1925 年 4 月 15 日，经国民党中央执行委员会决议，香山县改名为中山县，以纪念伟大的民主革命先行者孙中山先生。1929 年初，早就想将中山县设立为全国模范县的中山人唐绍仪，联同孙中山之子孙科和时任广东省政府主席的陈铭枢等国民党要员，提出将中山县设为全国模范县，得到了胡汉民、戴季陶、吴铁城等国民党中央委员的赞同。2 月 8 日，南京国民政府第 19 次国务会议通过决议，确定中山县为全国模范县，实施训政，试行地方自治，以纪念孙中山先生。

中山模范县实施一种特别的制度，具体包括两个方面：(1) 特别设立训政实施委员会，作为中山县训政实施的计划、指导和监督机关；(2) 将县政府作为训委会的执行机关，并保障县长事权集中，不像其他县政府下设各局不受县长掌控。

为充分表达对于中山县实施训政的重视，南京国民政府规定训政委员会直接隶属于南京国民政府，并委派唐绍仪、孙科、吴铁城、李禄超、钟荣光、李蟠、马应彪、蔡昌、郑道实九人组成训委会，指定唐绍仪为主席。这九位委员中既有国民党政要，也有商界领袖和学界名人，在当时均是具有较高声望的中山籍人士。在九位委员中以唐绍仪和孙科两人对中山县训政最为积极，参与的程度也最深。唐绍仪甚至在1931年春出任中山模范县县长之职，并在筹办各级自治组织、发展中小学教育、肃清境内一切烟赌，特别是在建设唐家湾无税口岸等方面，着实做了大量富有创建性和影响深远的工作。

1934年10月，唐绍仪因与陈济棠等人的矛盾而被迫辞去中山县长职务。继任训委会主席的孙科，对中山县训政的影响和作用进一步加深。不过，训政委员会自成立至1934年10月，先后进行过两次改组。1929年成立时成员共九人，1930年春增加陈铭枢、林森、黄居素、欧阳驹、张惠长、陈庆云六人为委员，从而使训政委员会成员增加至十五人。新增六人当中，陈铭枢和林森非中山籍，一为广东省政府主席，一为南京国民政府立法院副院长。他们的参与，既说明南京国民政府更加重视中山县训政的实施，又表明训委会的地位和影响得到进一步加强。

中山县被树立为全国模范县后，全县上下兴起了一股建设新中山的浪潮。训委会和县政府大张旗鼓地进行建设新中山的各项活动，并取得了初步成效。最引人注目的是发展教育、开辟唐家湾为商埠和发起民众造产运动。其中，发展教育，可谓成就斐然，特别是义务教育实验，参与的学校和民众教育机关的数量，均位居全国前列。唐家开埠和以唐家湾为中心建设中山港无税口岸的举措，引起了海内外的广泛关注，对唐家湾乃至中山县的社会发展也产生了重大影响。民众造产运动采取合作社方式，组织民众实业公司，筹款兴办实业，发展民生，客观上为中山县经济建设起到了一定的促进作用。尽管中山模范县的建设因唐绍仪的辞职和国内复杂多变的政治形势等方面的影响而未能如愿，但中山模范县的创建毕竟还是为中山经济、社会、文化等方面的全面发展打下了较好的基础，为后来中山社会的文明进步留下了宝贵的实践经验和丰厚的文化遗产。

抗日战争爆发后，中山沦陷。汪伪政权虽然实行反动统治，但中山抗日烽火越烧越旺。不久，中山抗日游击大队在五桂山成立，后改编为中山人民抗日义勇大队。在中山人欧初等的领导下，中山人民抗日义勇大队与日伪军展开全面斗争，取得了多次战斗的胜利。抗战胜利后，中山在战争废墟中开始重建，工商业有了新的气象，商品畅销港澳，经济民生初步好转。

1949年10月1日，中华人民共和国成立，1949年10月30日，中山县解放，解放后的中山县作为伟人故里的地位和作用，同样受到党中央、政务院和广东省政府的高度重视。中山县曾一度属广东省珠江专区管辖。1952年11月，中山县划出石岐市，1953年5月划出珠海县。1955年8月，改属广东省佛山专区。1958年12月珠海县、石岐市并入中山县，县城石岐改为县辖镇。同年内，中山县先后将大岗、万顷沙两公社和大岗镇划归番禺县，将小黄圃、高黎两个小乡划归顺德县。1961年10月，又将珠海县划出。1965年再将斗门、乾务和白蕉三公社划归新成立的斗门县。1968年中山改属佛山地区。1983年6月，中山县改属佛山市，并于同年12月22日经国务院批准改中山县为县级市。1988年1月7日，经国务院批准，中山市升格为地级市。

从1949年10月30日中山县解放，到1988年1月7日中山升格为地级市，短短的三十余年间，中山的行政归属不断变动，中山的土地面积和人口也多次划拨出去，面积减少了，资源优势削弱了，但行政级别提升了，生产效率和经济效益提高了，社会影响和城市竞争力增强了。这里不仅先后获得联合国人居奖和首批全国文明城市、国家卫生城市、国家园林城市、全国模范城市、中国优秀旅游城市、全国双拥模范城市、全国社会治安综合治理优秀地市、中国历史文化名城等光荣称号，而且被评为全国最有幸福感的环保城市，真正成为"适宜居住、适宜创业、适宜创新"的"三宜城市"。

二 移民融合下的社会

中山社会发展史,可以说是一部移民史和沙田开发史。中山历史上经历过三次具有较大影响的移民潮。第一次是宋元易代之际,北方战乱,中原动荡,民不聊生,一些有经济实力和社会影响力的大家族和宋朝官兵,纷纷从中原内地举族南迁,他们一部分从南雄珠玑巷辗转南移,沿着北江水道一路进入珠江出海口与伶仃洋交汇处的香山群岛及周边水域的岸滨,成为这里较早且具影响力的居民;一部分则从东南沿海的福建出发,沿海岸线向南漂移,进入伶仃洋和香山地区,与珠玑巷移民一起成为香山最活跃的一批外来户。第二次是明清两朝交替时期,北方和福建东南沿海的一些大户人家,为躲避战乱、谋求生存和发展,有组织、有计划地集体南迁,最后选择了香山地区的一些宜耕宜渔的地方,落地生根,成为香山社会的又一批新客家。第三次是新中国成立到改革开放时期的南下干部和军转民人员,以及高校毕业生、科技人员和外来务工人员,他们先后进入中山各行各业,成为中山社会发展的生力军。

从香山县到中山市的860多年里,一直有因不同因素来此定居的族群或个人,在保持自己母体文化因素的同时,主动融入中山经济社会建设与发展的活动之中,成为落地生根的中山人。社会结构和人口构成的实际情况表明,无论是历史上的香山,还是今天的中山,都是一个典型的移民社会。这里没有严格意义上的土著,讲闽南语的中山人、说客家话的中山人和使用粤语方言的中山人,他们的先辈都不是这里土生土长的族群,而是不同时期从不同的地方迁入香山或中山的新客家。但是,在漫长的历史发展过程中,这些移民在中山这块土地上经过长期的生产劳动、社会交往和文化交流,以及政治参与等公共活动,彼此之间有了明确的身份认同和文化调适,形成了"和而不同"或"不同而和"的社会文化氛围。860多年来,这些移民虽然还坚持着他们祖先留下来的语言、习俗等文化传统,但是他们都能因地制宜地顺应时势的变化,在相互沟通、相互理解、团结协作中,共同创造属于本土的新文化——香山文化。

1 香山岛的早期人类

香山岛,在地理位置上无疑是岭南的一个组成部分,很早以前就有人类在此生息繁衍。1958年经考古发现的广东曲江县马坝镇的马坝人,大概是我们迄今知道的岭南地区的最早的人类。尽管这个距今大约10万年的马坝人是否是岭南人的祖先尚待进一步研究,但马坝人的出现表明,10万年前岭南地区已有人类的活动,而且20世纪50年代以来不断发现的大量人类化石和实物遗址,为我们解释岭南史前人类发展的历史进程提供了有力的证据。

相对说来，珠江三角洲成陆的历史较晚，主要由西江、北江、东江在海湾内堆积复合，并在3次海浸和3次海退的过程中发育起来。这一过程约开始于3万年前，基本完成于数千年前，现今的地貌主要是6000年来形成的。目前已知的众多遗址，从坐落位置和经济类型来看，可分为山冈、台地、沙丘和贝丘三类，其中以贝丘遗址为多，也最具特色，形成年代距今5000~6000年。根据考古学家的研究，珠江三角洲的贝丘遗址又可分为三类：一是河岸型，分布于珠江三角洲上游成陆较早的地区，即今南海、佛山、三水、高要及东莞、增城、博罗等地；二是河潮型，与河岸型分布的地段没有明显界线，仅相对集中于河岸地区的下游；三是海湾型，主要分布于今珠江三角洲中部的边缘地带，成陆年代较晚的江门、新会、高明、鹤山境内。这三类遗址显示，当年的居住者都是以渔猎捕捞为主的氏族和部落。不过，前面两类贝丘遗址离海较远，其捕捞和采集对象以淡水或半咸水贝类、鱼类为主。海湾型贝丘遗址离海较近，捕捞和采集对象以半咸水及广盐性贝类、鱼类为主。

在广东沿海及珠江口岸地区，还发现有众多的距今5000~6000年前的沙丘遗址。它们分布于东起汕尾西至台山和雷州半岛沿海，南达香港、澳门等地的岛屿，而在环珠江口岸地区的深圳、珠海、中山、香港、澳门、新会及汕尾的分布较为广泛，并在珠江三角洲南缘的中山、珠海及周围海岛的分布最多。沙丘遗址可分为拦湾沙丘、沿岸沙丘和连岛沙堤三种类型，它们一般都远离古珠江入海口的贝丘遗址分布区，属于海岛环境。

二 移民融合下的社会

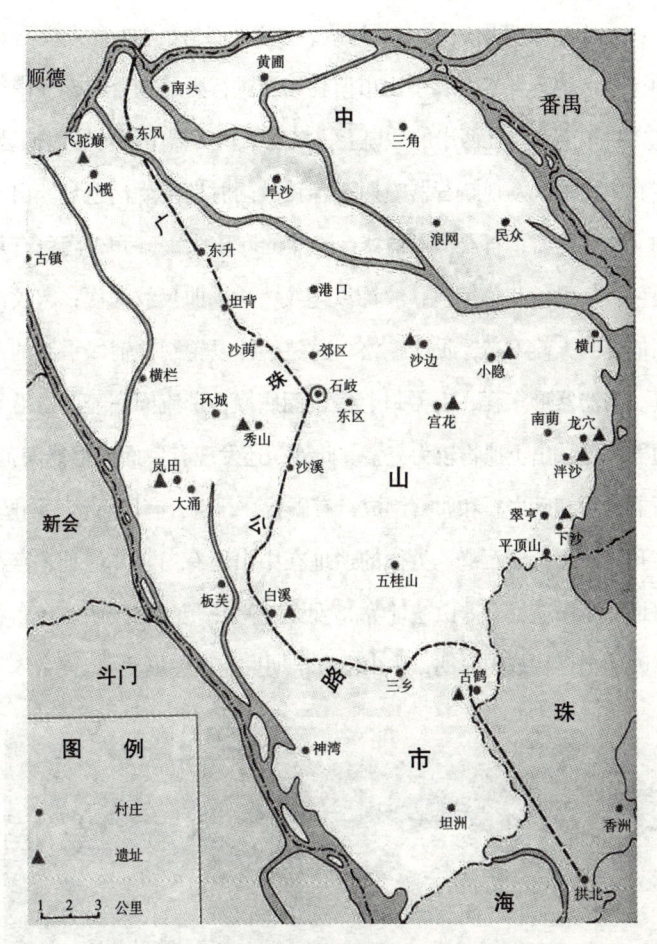

中山市先秦遗址分布图

这里气候温暖湿润，有富饶肥美的生物资源，决定了居住于此的氏族和部落的经济生活，是以渔猎与采集为主的。目前出土的石器中缺乏较大的砍伐器、收割器如石刀和石镰及谷物磨盘等农业工具，而多为中小型斧、锛、凿、网坠、敲砸器等，这也充分地显示了珠江三角洲地区的先民仍然以渔猎和采集为生。

香山岛及其周边的一些岛屿，在远古时代同样有人类活动的迹象。1986年5月，中山市博物馆在进行野外调查时，在南朗龙穴村东南、珠江西岸的沙堤上，发现了新石器中期的彩陶遗址，在其偏南地区发现新石器晚期至春秋战国时期的生活遗址。出土的文物有陶器、石器和青铜器。陶器的陶质为夹砂陶，陶色有灰褐色、灰黑色和橙黄色，纹饰以绳纹为主，曲尺纹为次；印纹清晰但烧制火候不高，质地疏松。这是一种以轮制并辅以手制的器具。陶器器形多样，有敞口、侈口圜底罐，带流圜底壶，口沿卷边器座等，出土遗物较为完整。此外，还发现有单面铸铜器陶范。石器类用细砂岩石和卵石制成，有砺石、石锛，有段石锛、网坠、穿孔砑璋和铸铜石范。类似的遗址在中山还有白水井遗址、宫花遗址、岚田遗址、秀山遗址等15处。这些出土文物表明，在新石器晚期至春秋战国时期，中山已有早期人类在这里活动。

南朗龙穴遗址

二 移民融合下的社会

龙穴遗址出土的彩陶圈足盘

在今天的珠海地区，同样发现新石器晚期和夏商周时期的沙丘遗址达几十余处。在凤凰山脉和黄杨山山脉周围，以及附近海岛如金鼎镇白沙、唐家镇大坞环、淇澳岛后沙湾、拱北关闸西瓜铺、横琴岛赤沙湾、三灶镇草堂湾、南水镇大基湾、高栏岛宝镜湾等地，都有新石器时代遗址，尤其是淇澳岛后沙湾和三灶镇草堂湾两处，沙丘遗址的古地貌和地下文化堆积都比较完整。后沙湾遗址第一期文化堆积层出土的彩陶圈足盘和刻花纹白陶豆，虽是实用器皿，但具有审美价值，应该说极为罕见。它们是距今4500~5000年前人类使用过的器物，而且与中山龙穴、深圳大黄沙、东莞万福庵、增城金兰寺、高要蚬壳州、澳门路环、香港深湾等遗址所出土的彩陶相似，这都可说是早期人类在珠江三角洲活动的物证。这些出土文物和遗址表明，古代先民在与大自然作斗争的过程中，已懂得舟楫渔猎之利。他们选择在依山面海、避风避浪、淡水易得的浅滩或海湾，从事季节性的渔猎和采集植物根果活动，在这个还是荒凉孤寂的岛屿上生产劳动、繁衍生息。不过，沙丘遗址的大量出现，也暗示着早期在这里活动的人类具有较大的流动性或居住不稳定性。

大约在春秋战国时期，在珠江三角洲活动的人类似乎进入到阶级社会。目前在中山、珠海、澳门这三个曾属于香山地区的相继出土的文物和发现的遗址显示，春秋战国时期，香山先民已经掌握了较高的生产技术，具有较强的审美意识，与外界的联系也更加紧密，物质生活资料也比过去更加丰富；除了渔猎捕捞之外，他们还掌握了原始的农耕技术。大量青铜器物的出土和岩画的发现，就间接地反映了这一历史性的变化。尤其是在珠海南水镇高栏村与铁炉村之间的宝镜湾发现的宝镜石、天才石、大坪石和藏宝洞里的岩画，与中国各地发现的岩画有着较大的不同。一些地区发现的史前岩画大多处于写实、拟物的阶段，所反映的是人类当时的情感与思绪，最多的只是反映一件事情的原委，如狩猎、生殖、舞蹈、搏斗等；但是在宝镜湾发现的岩画所反映的内容，似乎是一个惊天动地的大事件。它用图案描绘真实的场景，告诉人们一个个遥远而又十分贴近海洋文化的人类征服大海的故事。宝镜湾岩画中所隐含的故事和历史文化信息，也许还难以得到准确的解读，但它与早期人类征服海洋的活动肯定有着内在的联系。在4000多年前，这里和香山岛仍是大海中彼此相望的岛屿。在岛上生活着早期人类，其生产和生活以及进行各种交往活动，肯定都离不开水和船，而岩画上的舟船已经证明了这一点。

原中山县（今属珠海市）高栏岛宝镜湾岩画

从目前已经发现的沙丘遗址和发掘到的陶器、石器、青铜器与渔网、渔坠之类的文物来看，从史前时期到春秋战国时期，在香山岛及周围的岛屿上，已经有了人类活动的足迹，甚至有了氏族部落和族群的聚居。他们不仅依靠渔猎捕捞来维持生存，而且还掌握了工具制作和器物加工的技术，并借助舟船与周边地区保持着必要的联系，甚至还有了超越现实生活的审美感受和艺术表现。因此，可以肯定地说，香山岛的先民不是神秘的天外来客，而是从陆地上随舟船漂流至此的早期移民，他们的生活一开始就不是孤立和封闭的。长期的生存磨炼和生活经验的积累，使他们超越生命本能，用智慧美化生活。他们既重视工具器物的装饰性和实用性，又懂得生活的精细化和艺术化。陶器、石器、青铜器和岩画等文物上的线条、色彩、符号和图像清晰地显示出，在从再现到表现、从写实到象征、从形到线的发展过程中，香山先民已经不自觉地创造和培育了比较纯粹的美的形式和美的趣味。审美趣味和审美意识的生成，也折射出香山地区劳动分工和技术进步带来的经济社会的发展和人们生活水平的提高。

2 入居香山的中原人

宋人周去非在《岭外代答》中，依人口来源将岭南人分为五类："一曰土人，自昔骆越种类也。居于村落容貌鄙野，以唇舌杂为音，声殊不可晓，谓之蒌语。二曰北人，语言平易而杂以南音，本西北流民，自五代之乱占籍于钦者也。三曰俚人，史称俚僚者是也，此种自蛮峒出居，专事妖怪，若禽兽然，语音尤不可晓。四曰射耕人，本福建人射地而耕也，子孙尽闽者。五曰疍人，以舟为室，浮海而生，语似福广，杂以广东、广西之音。"

周去非记述的这五类人，多数均为不同时期迁入岭南的移民，只有俚人为当地土著，俚人即蛮人，蛮人是古代对南方非汉族的通称，其中包括瑶、僚、蛮、黎、蜑等诸多民族。

香山岛上的早期居民其具体生活细节和社会结构特点，史无记载。有关南越疍民和黎、俚族的文献资料，对他们的生活地点和活动情况的介绍同样简单而模糊。但是，自香山岛并入秦汉王朝的版图之后，有关香山岛上居民的生活状况，就开始散见于各种各样的文献资料。

秦汉时期移居香山岛的中原人，虽然没有更具体的文字材料加以说明，但他们进入香山岛后，在与岛上的疍民及黎、俚等族居民和睦相处的同时,仍保持其原来治学致仕的兴趣,这还是有迹可寻的。其中最突出的代表就是汉代香山人陈临。据清光绪时期编印的《香山县志》载:

> 陈临,字子然,南海人,家居海岛。奋志不同蛮俗,郡举孝廉。(汉)顺帝永建中,官至苍梧太守,推诚而理,导民以孝悌。民有遗腹子为其父报怨杀人者,为吏所获。临知其无嗣,令其妻侍狱中,后产一男。郡人歌曰:苍梧府君恩广大,能令死囚有后代,德参古贤天报赉……后本郡以五月五日祠临东城门上,令小童洁服舞之。其后子孙藩盛,播于岭徼,世以为阴德所致。祀乡贤。

这里所说的陈临为"南海人,家居海岛",其实就是指香山岛。汉代香山岛属南海郡番禺县。根据史料记载,陈临是东汉顺帝时人,距今已有1800余年。陈临"奋志不同蛮俗,郡举孝廉",这就表明陈临及其家族并非香山土著,而是从中原或内陆入住香山的,属于早期移居香山岛的香山人。到了东晋义熙八年(412),又有钱、石等姓从南海、番禺迁到香山北部黄圃的北头村;孟、赵等姓也从浙江、江西迁到黄埔的灵会村。这些相继迁居香山岛及周边岛屿的移民,不仅提高了香山岛及附近岛屿的人口数量,而且还直接改变了这一地区的自然、社会和文化生态。

到了唐代,香山正式设乡建镇。这种既有行政的建制文顺乡又有海防性质的军事建制香山镇的军政并存的局面,一直延续到宋代香山改乡升寨才结束。这一现象表明,香山岛的政治和经济地位,得到了朝廷的重视。从唐代建制来说,镇不是一级政权,而是一个军事组织,但镇的长官级别一般都比较高。在香山设立军镇,驻扎军队,这就表明香山地区战略地位极其重要。这里地处海上交通要冲,为海防前线,波斯、印度、暹罗、安南等国的商船前往广州时途经此地,加上伶仃洋又是海盗出没之处,设镇主要任务就是防止海盗的滋扰,保障对外的正常交通。香山建镇,标志着这一地区已经从"王法不到""化外之地"的蛮荒之地进入王朝社会治理体系。

唐代李氏王朝统治时期,对外开疆拓土,军威四震,国内相对安定统一。一方面,南北文化交流融合,使汉魏旧学与齐梁新声相互取长补短,推陈出新,儒、释、道三教也在这时期得到融合和创新;另一方面,中外贸易交通发达,"丝绸之路"引进来的不只是"胡商"云集,而且也带来了异国的风物和宗教。这一时期,中外海上贸易和文化交流较过去更加频繁,往来珠江、伶仃洋的船只和人员滞留香山岛的情况时有发生,定居香山的人亦不在少数。早在唐朝之前的南朝梁武帝大通元年(527),印度高僧达摩经珠江口到广州登陆,在东来初地的"西来庵"讲经说佛之后,佛教在岭南地区得到广泛传播,信佛、拜佛甚至形成一种风尚。唐初,就有信奉佛教的夫妇从中原南来香山加入空门。

据香山古香林寺谱记载,古香林寺于唐朝贞观年间正式开山,第一个和尚是正芳祖师,第一个尼姑是正机师太。正芳、正机出家前原是一对夫妇,北方人。正芳是达官贵人,信奉佛教，后弃官出走。夫妇两人乘船南下，想找一个风水宝地削发出家，以终天年。他们来到香山岛北面的石岐海附近，发现古香林山清水秀、峰回岭转，既有龙腾虎跃之势，又有幽香清虚的净土气象，是个修行出家的理想之所。便泊船于桥头仔，亲自上山勘察，最后欣然选定古香林为落脚出家之地。正芳在此盖起茅舍，取名为古香林寺，并把这处山脉定名为南岭小雪山。正机则在山下结一茅舍，取名为善慧庵。两人商量今后改夫妻关系为兄弟关系，把带来的财物一分为二，作为彼此出家的生活费用。于是他们同时削发，男的取法号正芳，女的取法号正机，从此一僧一尼在这里专心修行。除了每天必须按时参禅悟佛外，他们还行医占卜，方便世人。佛课之余，或琴棋书画，或采野垦荒，或躬耕田舍，可谓怡然自得。但是，他们在古香林参禅悟佛和行医济世的消息不胫而走，冷清的古香林从此香事繁华起来，前来古香林寺拜佛求签、求医问诊的人逐渐增多，甚至有不少人自愿削发、遁入空门，拜正芳、正机为师。数十年后，正芳、正机相继终老圆寂。弟子们为纪念正芳、正机开创之功，特尊正芳为开山师祖，尊正机为善慧庵高祖老师太。

唐代李氏王朝在这里建乡设镇，不仅表明朝廷对香山岛的发展和社会进步给予了高度重视，而且也加速了香山地区沙田的开发和人口的增长。据史料记载，唐代先有彭、关两姓族人定居香山三乡乌石村，随后又有汤、汪、林、郑、陆、陈等姓氏陆续迁到三乡白石、茅湾。陕西长安人周疆宦率家人迁到香山，在张家边的神涌定居；李凤腾也率领家人从粤东五华到香山,在环城分花水落户。在黄杨山和牛扒岭周围的浅滩和小岛,也吸引着不少移民,他们到此定居,围海煮盐。在凤凰山山麓南边的山场村,同样有不少围海煮盐的从业人员。这些现象表明,不少从中原迁来的人,在香山这块希望的土地上已经安家立业、传递香火,有的人甚至成为香山地区的新贵。

《香山县志》中就有关于当时香山富家大户的记载:"郑愚家世殷富,驺僮布满山谷,皆纨衣鼎食。"这说明郑愚家族在香山不仅拥有大片的良田庄园,而且还有不少的仆童、雇工和仆役。郑愚年轻时刻苦好学,积极应考科举,唐文宗开成二年中进士,累迁至尚书。唐懿宗咸通初年,为桂管观察使,再领岭南西道节度使。因有御守之功,征拜礼部侍郎。唐僖宗中和初,奉命出镇南海,以抚绥功,召拜尚书左仆射,三年后病死于任上,可谓"鞠躬尽瘁,死而后已"。郑愚不仅是位恪尽职守、体恤民情的好官员,而且也是一位崇尚自然、热爱家乡的诗人。他在《醉题广州使院》一诗中,就表达了他对家乡人民的关爱体恤之情:"昔年百姓受饥荒,太守贪贱似虎狼,今日海隅鱼米贱,大须惭愧石榴黄。"前两句反映的是郑愚人在官场而心系百姓,对官宦的贪婪自私和朝廷的苛政深恶痛绝,对民众的疾苦深表同情;后两句则强烈表达了郑愚歌颂鱼耕收获、物阜民丰时的喜悦心情。同样,在《泛石岐海》这首诗里,郑愚不仅写景韵物,而且借景抒情,其中有"台山初罢雾,岐海正分流。渔浦飔束笛,鸿逵翼去舟。鬓愁蒲柳早,衣祛芰荷秋"的诗句,不但写出了自己在香山安居乐业的情景和内心的感受,而且具体描述了当时香山的秀丽山川和淳朴民情。

不过,在郑愚生活的年代,香山早已不是蛮荒之地,而是舟船往来、人客纷至的海岛福地。唐末至五代十国期间,中原战乱,社会动荡,民不聊生,相对安定的岭南地区特别是香山岛及附近岛屿、滩头,自然成为中原人迁居的理想之地。到宋代,中国经济重心开始南移,地广人稀的岭南,无疑有利于族群的生存和发展。在南宋香山建县之前,香山这个岛屿星棋罗布的地区,已经汇聚了许多来自粤东、粤北、福建和中原内地的移民,人口增至万余户,村落80多个。据有关史料反映,宋代有陈、林、阮、程、简、严、李、欧阳、缪、蔡、高、方、刘、郑、王、黄、罗、余、胡、芦、彭、杜、毛、曹、古、袁、魏、梁、吴、冯、杨、周、黎、马、郭、何、张、徐、汪、温、甘、陆、孔、容、蓝、侯、邓、唐、潘49姓,先后从南雄珠玑巷、福建莆田和福清县,以及广西、广州、南海、新会、顺德等地迁入香山,主要分布在五桂山周围一带,包括叠山、濠涌、长洲、库充、起湾、宫花、林屋边、沙岗、雍陌、平岚,以及北部的古镇、曹步、小榄、横栏等地。这些从外地迁来的中原人,为了表明自己优先而至、坐地为主的地位,为确保拥有的土地和财产,总是聚族而居,有意识地组成宗族村落,形成自治的宗法社会。据《小榄镇志初稿》载:大小榄于南宋开封之初,部分地区虽已成陆,但潮水涨时,低洼之地常被淹没,故有"宁安乡潮居里"之称,实乃半陆半海的水网地带。在小榄文昌庙内供奉有杜、曾、罗、毛、曹五姓始祖。而这五姓中,又都以杜姓排先,盖因其定居最早。开村的前期，杜、毛、曹三姓居小榄之海头村飞驼岗附近，后毛姓迁居石岐，曾、罗二姓则居小榄凤凰山西南麓一带。

南宋绍兴二十二年（1152）香山正式设县后，在陈天觉、梁益谦等历任香山县令的锐意经营下，香山百业兴旺，人民安居乐业，社会安定和谐，到处呈现一派欣欣向荣的景象。香山经济社会的繁荣发展，也招徕了大批新的移民。宋孝宗乾道八年（1172），福建莆田县人郑芑告老辞官，举家从莆田迁到香山县，卜居县城东的莲塘村。宋宁宗初年，新会名门之后马铎、马驳兄弟，奉母林氏举家从新会迁到香山仁厚乡的沙涌定居，成为沙涌马氏始祖。宋理宗宝祐年间（1255），南雄郡保昌县举人高南洲，举家从保昌迁到香山定居。宋宁宗嘉定六年（1213），福建福清县人杜奇芬，奉母太君万氏迁居香山，卜居宁安乡的岗头村，相传其为大小榄的开村始祖，也是开村诸百姓中的杜姓始祖。今珠海南屏容族于南宋嘉定年间（1208~1224）迁入，北山杨氏族人于南宋嘉熙元年（1237）迁入，唐家唐氏族人于南宋度宗咸淳年间（1265~1274）迁入，南平张姓族人于咸淳四年（1268）迁入，山场村吴姓族人于咸淳九年（1273）迁入。

与此同时，新的村落也在香山地区不断涌现，如今天珠海的唐家、淇澳、下栅墟、上栅等各村落日渐繁荣。据地方志统计，两宋迁入香山的外地族姓逐渐增多，北宋有4姓5户，南宋增至24姓29户。宋元交战之际，大批南宋王朝赵氏族人和仕宦人家随军南下，迁入香山。特别是宋元崖门海战，宋朝兵败而亡后，大批南宋军民散落香山各地，成为自食其力的香山人。元代的《大德南海志》就有如此记载:"珠江三角洲各县,自王师灭宋平广以前,兵革之间,或罹锋镝,或被驱掠,或死于寇盗,或转徙于他所,不可胜计。"在香山的黄杨山,至今还保有南宋大将张世杰之墓,而且在黄杨山的纵深处,还有宋代遗臣邓光荐和赵时珖、龚行卿等客家人隐居其间。出生于元朝元贞二年(1296)的赵梅南,为菉漪堂主。作为宗室后裔,在元朝平定中原后他隐居香山不仕,"誓不与元贼共戴天",在黄杨山耕读传家,谢绝功名,保持名士风范。这支固执地秉承宋太祖赵匡胤遗训的"魏王派"赵氏遗脉,居住在今天珠海距崖门不远的南门村,一直繁衍至今,成为中国宗族延续的一个标本。

在宋元之后的明清两朝,经济重心的整体南移、生产技术的革新及赋税政策对利益的调控,都加速了江南和岭南地区对土地和沙田的开发。香山的沙田、潮田等滨海地带,在大量移民的开垦下,逐渐变成了肥沃的粮田,香山的盐业和银矿业,也得到朝廷和广东地方官员的重视。香山地区因农耕面积的扩大,农产品日趋丰富,再加上渔业、盐业和矿业的兴旺,为产品交换和社会流动提供了可靠的保障。因此,这一时期香山区域内的物品交换和社会文化的互动明显加强。而经济社会的快速发展和香山对外贸易的加强,又刺激和吸引更多的外来人口。明嘉靖二十七年(1548),据《香山县志》载,长安乡恭常都在方圆120里内,有村22个,潮居乡黄梁都80里内,有海中村17个。到了清乾隆十五年(1750),长安乡恭常都有村54个。1750~1827年,恭常都从54个村发展到79个村,黄梁都从17个村发展到67个村,村落数量增加了几倍。明清时期,无论是原有宗族的繁衍,还是外来宗族的迁入,都呈现超越前代的发展趋势。

就原有宗族的繁衍来看,在明清时期虽然不少家族已是枝繁叶茂,子孙中常有从香山迁去外地居住的,但绝大多数仍坚守在香山各地生根开花、香火相传。如今天珠海的唐家,始祖在宋度宗时由南雄珠玑巷迁居新会,再迁唐家,成为香山唐家唐姓开村始祖。其六世广礼迁居鸡柏村,广阔迁居东莞。七世竹庄迁居那州,十五世广元迁居新安。自定居鸡柏村后数百年来,唐姓一直为鸡柏村的主要族群。翠微的吴姓,始祖得成迁居山场后,分四房,徙翠微。二、四房分居前山、平岚、山场、鸡柏、唐家、鸦冈各片。其中翠微村居吴姓最多,二十四世健彰名天显,做过买办,后官至上海道台。其弟健纬名天垣,1832年曾在十三行中的同顺行任行商,与外人通商,鸦片战争后又成为洋行买办。

明清时期迁入香山的外族,同样在这里开枝散叶、耕读传家。如锦石陆族,明代其仲荣祖由香山乌石分居上恭镇,原居金竹尾村,历五代至乾隆初,由金竹尾村分三房,均居锦石,后次房分居阳春铺。潭井刘族,自新会小泽乡怀仁里迁居香山南界涌,分支三房,至松岭祖迁居潭井,现历十五代。潭石冯族,自东莞南栅乡迁香山城东门,后迁南界涌,六世族恒简始迁潭井,现历十九代。大濠涌黄族,始祖菊华,明中叶由新会水边乡迁入,生三子,分三房,现历二十代。斗门邝族,始祖菊窗,明代由肇庆府开平县迁入,生四子,长子留居斗门,次子迁居小濠涌，三子迁居南村，四子迁居安莪，现历十九代。松山村温族，始祖觉先原籍惠州归善县，乾隆年间迁入松山旧村，又分居松山新村，现历八代。这些外来人口落户香山后，不仅使香山人口迅速增长，乡村规模迅速扩大，而且也为香山经济、社会、文化的发展输送了新鲜血液。过去未开垦的土地得到开发，新造的田地又得到了充分利用，商贸活动也受到地方政府的认可，香山人的居住条件和饮食结构均有了较大的改善，上交朝廷的赋税也比过去大大增加了。明代香山李孙宸的后人李嶟在《村居》里说："粗拙旧相沿，家家近水田。地硗桑可植，门小竹常编。瓜豆翻平野，牛羊卧晚烟。荒庄无力作，蚕织自年年。"明清时期香山物质文化和精神文化的快速发展，使过去一直处于贫困的下等县一跃而为富裕的上等县。

鸦片战争后，香山因受到战争和洋货的冲击，经济社会的发展速度相对来说有所减缓，大批香山人为了谋求更大的发展空间，开始有计划、有选择地向海外和内地通商口岸迁移。这个时期，外地迁入香山的人数明显减少，而外迁人口则大幅度增加。民国时期，这种人口外迁的现象依然大量存在，而且许多外迁的人，大多有两个家，即一个家在外地，一个家在香山，他们习惯于在这两个家中往来行走。可以说，到了晚清民国时期，香山的社会结构和人口分布已基本定型，对此香山名彦、著名的地理学家何大章就有这样的评述："考县名以那州、古鹤等村人及疍民为土人，惜已衰退，今日人口血统主要有四系：一为石岐系，即石岐恒美一带居民迁入甚早，县析自东莞，时犹孤立,至今言语亦成一系,人重体面;二为小榄系,在北境平原,三九区一带,人多自南番禺顺德移入,操顺德口音,人重保守,聚族而居;三为西乡系,即鸡豠角大涌一带人口,概为福建籍人,自闽潮移入,为时亦久,语言独异,民性勇敢,华侨最多;四为斗门系,包括海岛一带,人多自新会入来,操新会语声,富有冒险精神。此外县民一部为客家人,最后散居山地之间,唯刻苦胜人。全县居民多务农,勤劳是尚,民性优越。"

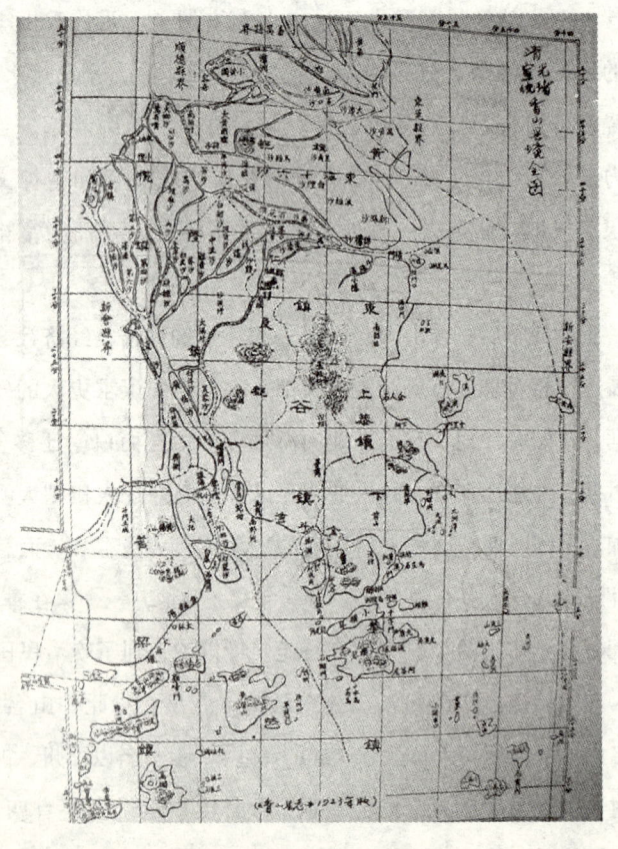

清光绪宣统时的香山县境全图

从方言分布上看香山地区的人口分布、社会构成及民风民性者，除何大章外，还有语言大师赵元任和当代著名学者李新魁等，他们也对之进行过观察和思考。赵元任在《中山方言》中指出：

> 中山县的方言相当的杂。除了广东系统的方言之外，在县城以西，如龙头村语言，完全属于潮汕系的所谓"福佬话"，这种话连其他本县人都听不懂。现在所记的是狭义的中山语，乃是县东石岐地方的方言，就是普通所谓中山话。它分布的地方，除在中山区外，在夏威夷群岛特别通行。它在中太平洋侨界里的势力，还在广州、客家、四邑各方言之上。比方在檀香山中国人办的四个中文中学，全是用中山音教学的。

李新魁也指出：

> 中山市是流行粤方言的区域。但在中山市周围东北面以至南面的平原地区和沿海地带，即沙溪、大涌、张家边和南朗几个区镇所在的地域范围内，还有处于南部山区的三乡地区，都流行着属于闽方言的"村话"。这些村话所流行的区域，为粤语区所包围，形成一个颇大的方言岛。……这些不同地区的闽人，在不同的年代（有的是在北宋，有的是在南宋末年，有的是在元末明初）分别迁至中山，他们带来的闽方言在新住地不断地融合、同化，终于形成

了一种新的闽方言在本地流行。这个方言,既有闽南方言的特点,又有闽东及闽中方言的某些成分,它融合成一种既表现闽方言总体特征又吸收了粤语的某些特点的方言。

这些对香山地理和人文的观察与述说,虽然因语言、历史、文化等方面的障碍而难免以偏赅全或挂一漏万,但他们所述香山方言分布的格局和民风民性的特点,真实地反映了香山建县 800 多年人口变迁和社会发展的概貌。在香山经济社会发展过程中,不断迁入香山的中原人,不仅带来了先进的生产技术和耕作经验,而且也带来了先进的文化和观念,在香山社会文明史上作出了不可磨灭的贡献。

3 四海为家的中山人

历史上的香山虽然只是珠江三角洲上的一些岛屿,但她的发展总是与大中华的历史变迁有着千丝万缕的联系。每次封建王朝的更替和北方的战乱,几乎都会波及珠江三角洲上的这个由众多岛屿组成的县治。尤其是宋、元、明、清以来的几次移民浪潮,不但没有像人们通常所见的那样,给香山社会带来灾难性的破坏,相反地却给这里的经济社会和文化生态带来了崭新的气象。

像世界上绝大多数的城市和社会发展变化都与移民有关一样,中山社会的历史演进,也始终与移民的进入有着密切的联系。讲粤语的广府人、说着客家话的客家人、以闽方言为母语

二 移民融合下的社会

的闽南人，他们在不同的历史时期，怀着不同的动机和目的，先后进入历史上的香山地区。凭借文化知识和生产生活经验上的优势，他们不仅在香山的山边、海边和河边的"三边"地带，或渔猎，或农耕，或晒盐，或开矿，或从事工商业，为自己和家族的生存和发展奠定了物质和文化基础，而且有意识地自觉地通过各种乡规民约或民风民俗，将自己居住香山的历史合法化和规范化，在权利和义务、宗教信仰和节日礼仪上，将自己本土化和主体化。但是，香山毕竟是由不断迁入的移民所构成的多元文化的移民社会，而不是一个单一的封闭的自然形成的农业社会。不满足、不畏惧、不懈怠，也许是移民与生俱来的天性。而且与众不同的是，移民具有较强的适应能力和应变能力，具有艰苦奋斗的意志、敢闯敢干的精神、因时而变的勇气和崇尚实用的品格。在移民构成的社会里成长起来的人，同样具有独立、果敢、奋斗、抗争的精神，同样具有探索、开拓、创新、进取的品质。因此，在每次危机到来之前，他们总是能够提前做好应对的准备；在每次机遇降临时，他们总是能够快速准确地将机遇牢牢抓住，时刻都在争做自己的主人和时代的弄潮儿。

早在明清之际，自负而又冒险的香山人，就开始受耶稣会士的引诱，随着西方商人的船队，背井离乡，远涉重洋，到一个中国人从来不知道的藩国去寻找未知世界的答案。相传香山人郑玛诺（1633~1674），1645年随陆德神父赴罗马深造，一去就是20多年，成为目前已知的中国最早出国求学的人。也是在明清两代，一些香山人为躲避战乱，漂洋过海，从澳门出发,到东南亚一带谋生,后来成为那里的拓荒者和最早落地生根的中国人。尤其是鸦片战争后,新旧金山的发现,香山人得信息灵通和地利之便,纷纷结伴远涉重洋,到夏威夷、旧金山、纽约和澳大利亚去淘金,甚至到古巴、巴西等南美地区谋生,结果竟成为那里的华侨和华人。"有海水处就有华侨",在世界80多个国家和地区,都有从香山走出去的华侨、华人。在一百多年里,香山人以一种移民所特有的精神和气质,离开了自己祖祖辈辈居住的香山家园,在异国他乡,再一次用汗水和智慧重新为自己撑起一片蓝天。

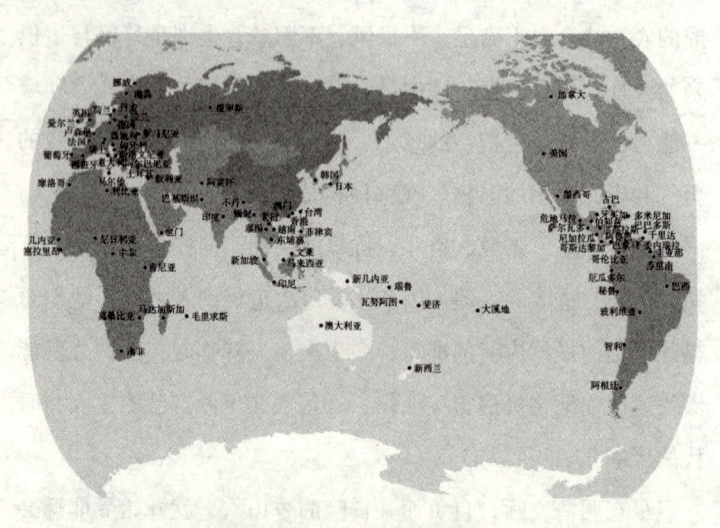

世界中山华侨、华人分布概况

就在香山人为寻求更大的发展空间,彼此结伴去异国他乡创业的同时,一些被马可·波罗编织的东方中国传奇故事所吸引的西方传教士和商人,为了传播基督福音和获得超额利润,不远万里来到中国,进入香山县的辖区澳门。他们一到澳门

二 移民融合下的社会　57

后，便立即抓住多种机会兴建教堂、创办学校、开设商店、修建楼宇、开辟街道、修筑马路，在公共设施和社会管理方面，花费了不少力气，耗尽了不少心血。他们一方面接受香山县的管制，另一方面又实行区域自治。澳门一埠的开辟，自然给西方传教士、商人、游历者暂居或永居香山提供了可靠的保障，也为大批香山人迁出香山走向世界提供了便利。从16世纪中期开始，中外移民几乎没有任何障碍，自由出入香山，使香山最靠近伶仃洋的一个小渔村澳门，迅速变成了一个华夷杂居的国际港口城市。西班牙、葡萄牙、荷兰、英国、法国、意大利、比利时、丹麦、瑞典、日本、印度、暹罗、菲律宾、马来西亚、越南、印尼、柬埔寨、朝鲜的移民，与来自福建、广东和内地省份的移民，在这个弹丸之地的澳门半岛相遇。他们中有的甚至选择这里作为终身的居所，心甘情愿地做一名澳门人。香山的人口结构和社会关系，因这些异国异地的移民的定居而变得更加复杂起来。

五口通商后，香山人敏感地意识到中西贸易中的巨大商机，利用他们长期与洋商打交道的经验和已经熟练掌握的"广东英语"，随洋行洋商率先进入刚刚在英国人的炮火下被迫开埠的沿海通商口岸，成为新设立的洋行里的第一批买办。莫仕扬、徐荣村、唐廷枢、徐润、郑观应等一大批会说"夷语"的香山人，从此成为活跃在上海、厦门、天津、汉口等通商口岸，周旋于中西商人之间的买办商人。受这些洋行买办商人的帮扶和牵引，一大批香山人开始积极学习英语和中外商务，纷纷跻身于洋行或中外商贸领域，迅速致富，成为通商口岸的新贵。在19世纪的上海洋行里,"香山买办"几乎成了"买办阶级"的代名词。

就在一大批人热衷于洋行买办职业的同时,一批香山幼童带着对异国社会的好奇和对未来中国的梦想,告别自己的父母,赴美留学,成为近代中国第一批留美学生。然因保守势力的阻挠,他们被迫提前回国,但是他们在美国所受的西式教育,已使他们不可能回到中国的传统社会中去,也不可能让他们中的一些人回到偏远的香山老家去。他们经过一番周折后,最终选择了当时新兴的城市或近代工商业发达的地区,作为自己的第二故乡。

到了20世纪初,一批受孙中山影响的海内外香山人,也离开了家,参加了旷日持久的革命运动,成为"四海为家"的一代新人。特别是从澳大利亚回国的香山华侨马应彪、霍庆堂夫妇,郭乐、郭泉兄弟,蔡昌、蔡兴兄弟,以及李敏周、刘锡基、黄焕南等人,相约携巨资回国,先后在香港、广州、上海、香山等地创办先施、永安、新新、大新百货公司,经营环球百货,开创了近代中国民族百货业的先河。他们的创举和贡献,也为家乡人的再就业和再迁移提供了难得的机会。在他们的直接影响和热情帮助下,年轻的香山人被分别先后安排在四大百货公司的各个城市的商业网点,接受新式经营理念和管理方法的训练。这些从香山农村走出来的年轻人,经过培训和锻炼后,很快成为近现代中国城市新兴工商企业方面的重要力量。

1949年新中国诞生后,在中山人出国回国、离乡回乡的同时，一批南下干部也加入到中山社会主义建设的热潮之中，有的甚至落户中山，成为一名地道的中山人。这时期新增加的人口虽然不多，但他们都是抱着扎根中山、建设中山的目的，积极主动地融入中山各行各业之中，因此很快落地生根。十一届三中全会后，国门再次打开，人口迁移的现象又一次成为中山社会的一道激动人心的风景。在中山海关的出入境处，每天都有大批回乡探亲的海外游子归来，他们中的一些人甚至落叶归根，选择在家乡中山投资创业和永久居住。与此同时，中山也有不少人由于商贸、留学和婚嫁等方面的原因，离开家乡出省出国，成为生活在异乡的中山人。不过，中山人在这一时期向市外省外迁移的现象还不突出，出国的人数也十分有限，更引人注目的是内地的大学毕业生和机关干部像潮水般涌入中山。这些以普通话为主要交际语言的外地人进入中山，既改变了中山的人口结构和人口总量，也直接推动了中山经济、社会和文化的全面发展。

据统计，1949年，中山人口（除珠海外）大约60万；1982年人口统计，中山总人口约100万；1990年，中山当时总人口大约124万，大专文化程度的人口只有8993人，比1982年的2315人增加了近3倍；到1997年，中山常住人口约128万，暂住人口大约50万，少数民族人口占总数的0.23%，但这时已有52名外国人加入中国籍，落户中山；2000年，全市总人口大约236万，其中户籍人口135万，接受大专以上教育的人达到6万多；2007年户籍人口约145万，外来人口大约140万，其中，省内迁入中山的有18616人，省外迁入的有

14947人,迁出人口12988人;2011年全市常住人口约314万,其中户籍人口约150万,迁出12271人,迁入19649人。在不到60年的时间内,中山人口增长幅度不算大,而且主要不是自然增长,人口输入型增长比较明显。尤其是近20年,从外地迁入中山的高素质人才较多,人口总量和人口质量都有大幅度提高,人口构成因此变得更加复杂。普通话成了社会交往的公共语言,外语学习和对外文化交流也逐渐在民间流行起来;湘菜、东北菜、川菜、西餐、韩国菜、日本料理,深受中山人的欢迎。四川人、湖南人、湖北人、江西人,甚至江浙人,这些在中山人眼中的北方人迁移中山后,也以一种积极的姿态,学粤语、喝凉茶、吃粤菜,主动融进中山社会。在中山的城区和乡镇,到处都能见到吃着粤菜、喝着凉茶、学说粤语的外乡人,他们都在努力地适应中山的自然与社会构成的生活环境,希望尽快成为新的中山人。所谓中山的原住民,也开始学说普通话,主动地接纳这些新到的外乡人,在帮助他们创业和安家的过程中,也不知不觉地改变了自己。无论是香山县时期,还是中山市的年代,文化互动和文化创新一直是社会融合和文明进步的重要动力。

一百多年来,中山城乡一直处于人口流动的状态,这在全国其他地区都是少见的现象。深圳是移民的城市,全国人民建深圳,这已是不争的事实。珠海、广州等沿海开放城市的发展,也有移民的一份功劳。但是,像中山这样一个以农村人口为主体的地级市,市镇、乡村拥有这么多方言民系的居民,在全国可谓屈指可数。中山的人口迁移史和人口的构成使我们相信，中山既是一个移民的社会，又是一个移民的城市。

近年来，中山市着力于产业升级和产业转移，全面推进文化名城建设，实施"适宜居住、适宜创业、适宜创新""和美家园、幸福中山"的社会发展战略，同样需要更多高素质的人才到中山居住和创业。新一轮的高质量移民潮，将会有秩序、有规律地涌入中山。这些在新时代进入中山的新移民，也将会像历史上的中原人、珠玑巷人、福建人和客家人南迁香山一样，在这块肥沃的土地上生根、开花、结果。

三　生产进步中的民生

　　人类在任何时候都离不开地理环境。原始人类的生活和生产紧紧地依赖着地理环境，这是人所共知的事实。进入文明时代，随着人类主观能动性的提高，人类对环境的依赖性似乎有所淡化，但是，人类永远也不能摆脱地理环境的制约。实际上，人类的文明程度愈高，对地理环境利用的范围也就愈加扩大和深化。因此，无论对哪一阶段的人类文明进行研究，都不能忽视对人与自然这种关系的考察。因为人类本身便是自然的产物，其生存和发展首先受到自然法则的制约。而且人的生活资料取于自然，人类劳动的对象也是自然，自然和人的劳作结合在一起，才能构成物质的和精神的财富，才能造就丰富多彩的文化。人类的一切活动，包括生产活动、生活活动，以及政治、军事活动，都是在特定的地理环境中进行，并与之发生交互关系的。正因为如此，恩格斯早就告诫人们："我们必须时时记住：我们统治自然界，决不象征服者统治异民族一样，决不象站在自然界以外的人一样，——相反地，我们连同我们的肉、血和头脑都是属于自然界,存在于自然界的;我们对自然界的整个统治,是在于我们比其他一切动物强,能够认识和正确运用自然规律。"

人类受自然环境的恩赐和影响者莫如古代香山人和今天的中山人。远古时代的香山,不过是南海中的一个岛屿而已,生活在此的先民完全依靠大自然的恩赐而获得必要的生活资料和生存条件。即使到了生产力相对发达的香山县时期,香山人对地理环境和自然条件的依赖仍然客观地存在。他们不仅在日常生活中始终离不开这块水土提供的物质生活资料,而且在非物质文化和精神生活上也摆脱不了这方水土赐予的精、气、神。在香山人的生产和生活世界里,山和海、水与土总是与他们血肉相连。在他们的思想和精神领域里,山和海、水与土始终与他们如影随形。诚如《管子·水地篇》中所言:"地者,万物之本原,诸生之根菀也,美恶贤不肖愚俊之所生也。水者,地之血气,如筋脉之流通者也。""故水一,则人心正;水清,则民心易。"无论是过去落户于香山山边的客家人、岸边的闽南人、河边的广府人,还是今天栖居在城镇高楼大厦里的新中山人,都注定会与这方水土结下不解之缘。

1 陆事寡而水事众

迄今为止的考古发现,广东的最早人类是马坝人和峒中岩人。马坝人和峒中岩人及其以后的人类实际上已进入母系氏族社会的前期。在距今一万年前的新石器时代,人类从使用粗笨的打制石器进步到使用磨制石器,从用火烧烤食物进步到用火烧制粗糙陶器;不过这时的生产活动始终是集体采集和狩猎,生活也始终极端艰苦和十分单调,社会文明的程度处于低级状态。

这一时期,人类开始大量使用经过磨制的生产工具,装饰品、陶器制作技术,也为人们所掌握,一些地方还发明了农业和家畜饲养。在距今6000~7000年前,海平面在现今的高度上保持相对的稳定状态,这时香山及其附近的地带形成了众多的岛屿。当时,在南海北岸及其岛屿上形成了众多的海湾。海湾的避风条件和海湾附近丰富的鱼类资源、植物资源,给人类提供了足以维持生息和繁衍的食物。海湾沙丘附近平缓的浅海,便于人类入海捕捞;一些海湾沙丘还为人类生存提供了必不可少的淡水。因此,海湾沙丘或海湾岸边,开始有人类的活动和聚居的部落,为我们留下了具有海洋文化特点的史前时期海湾沙丘遗址。迄今为止,在曾是香山地区的中山、珠海、澳门等地发现的这类沙丘遗址有百余处。

众多的沙丘遗址显示的是一种与中原农耕文化、北方的游牧文化完全不同的海洋文化特征。在沙丘遗址上发现的大量贝壳、石器、陶器等证明香山先民最初就与大海为伴为生,他们不仅采集介壳类生物如蚝、蚶、蚬等作为食物,还用自制的陶器进行炊煮、储藏、盛食,甚至用磨制的石器如石斧、石锛、石网坠、石锚、石矛、石拍、砺石等进行渔猎和捕捞。宝镜湾遗址的大幅石刻岩画上的海船图案和遗址中大量用于海上捕捞的渔网、石坠的出土,也足以说明香山先民已经掌握了造船和停船等方面的技术，正如古文献上所说的"剡木为舟，剡木为楫。舟楫之利以济不通，致远以利天下"。古人常说："靠山吃山，靠水吃水。"香山先民最初就是在依山面海的沙丘、海湾处，向山海索取食物，在山海的地空里延续着社会和人生。

中山市博物馆所收藏的新石器时代的彩陶高足碗

先秦时期，香山地区的居民，泛称百越。不过，百越是我国东南和南部地区古代民族的泛称，其名始见于《吕氏春秋》。其书《恃君览》曰："扬汉之南，百越之际。"又曰："东南为扬州，越也。"《汉书·地理志》云："自交趾至会稽，七八千里，百越杂处，各有种姓。"西周时期的百越，有东越、瓯人、于越、扬越等不同的族群之称。南越作为族名始于秦汉之际，如屈大均所说："曰南越者，吴王夫差灭越筑南越宫,故(赵)佗因其旧名,称番禺为南越也。"岭南南越族,有其自身的特点。其一是在饮食方面,喜食鱼、鳖、蛇、蚌、蛤之类水产或海产品,而且所谓"雕题交趾,有不火食者",即表明越人还有生食的习惯。其二是生产工具盛行,如有肩石器、有段石器、有肩有段石器、扁平穿孔石铲及越式青铜斧和刮刀等,兵器有扁平穿孔石钺、石戈、石矛和青铜钺等。其三是生活用具普遍使用几何形印纹陶器。其四是住房流行干阑式建筑。其五是习于水斗,善于用舟。越王勾践说:"夫越性脆而愚,水行而山处,以船为车,以楫为马,往若飘风,去则难从。锐兵任死,越之常性也。"《汉书·严助传》也说:"(越人)习于水斗,便于用舟。"《淮南子》更称九疑之南"陆事寡而水事众"。其六是"断发""纹身"和椎髻。《淮南子·原道训》说,九疑之南,"民人被发纹身,以象鳞虫"。其七是有"越祠鸡卜"之俗。除了这些广为人知的越人习俗外,还有略带神秘恐怖色彩的猎头食人之风和拔牙习俗。这些习俗表明,南越族主要生活在河边、海边,生产与生活以水和舟为主。

南越人以海产品为食的生活方式直到秦汉时期,仍未得到根本上的改变。尽管《史记·货殖列传》说,楚越之人"饮稻羹鱼",或火耕而水耨"襄隋蠃蛤",但农产品毕竟十分有限,水产品仍为他们的主要食物。秦汉时期,中原之人大量流入岭南,无形之中增加了当地人生活生存的压力。原始的植物采集和小规模的渔猎,不能为迅速增添的人口提供足够维持生活的食物。为了生存和繁衍,香山先民一方面加紧从事渔猎和采集等工作,另一方面也尝试着向种植业和工商业方向发展。

在中山、珠海等曾属香山县的地区发现的大量铁器、陶器甚至瓷器等文物，证实了秦汉以后香山人生产与生活均有了新的调整和转变。

香山设县前，香山岛上的居民除了渔猎和采集外，还开始围海煮盐和从事农工商等事业。一方面，他们将自己的渔获和其他农工产品与周边地区进行物品等价交换，获取粮食和其他日常生活必需品；另一方面，他们又加大了海滩和沙田的开发，进行围海造田，发展农业以自给。虽然直到北宋时期，香山农业尚欠发达，工商不兴，但香山的盐业和渔业，越来越受到官府和朝廷的重视。在香山岛及周边的岛屿上，散布着大大小小的渔村，其中以深海为渔场的渔村有淇澳渔村、三灶渔村、濠潭渔村、濠镜澳渔村、神湾渔村、石岐海渔村和东海渔村。凭着近海优越的地理位置和居民习水性的特长，香山的渔村经济一直比较发达。

香山设县后，大批的中原移民进入香山，为沙田的开发和农业经济的发展增添了新生力量，但同时也使香山原有的海洋经济特征逐渐消退。香山的原住民以海为生，海洋文化性质的生产生活方式，也受到农耕文明的冲击。历代香山县令有组织的围海造田和兴建水利、鼓励农耕、发展农业经济的措施，固然有利于居民生活水平的提高和居住条件的改善，有利于社会文化的创造与传播，有利于历史的积淀和精神的凝聚，但使原有的渔业和渔民的生存、发展受到日趋严重的威胁，使本来就富有冒险性的移民群体限制在土地开发和农业生产上，因而丧失了朝海洋文明方向发展的机遇，丢失了海洋文化的传统和特性。

庆幸的是,农耕文明的发展速度,由于受香山特定的自然环境和地理位置的限制而未能大幅度地加快,给香山的海洋文明因子在香山人身上不同程度的顽固地保存下来带来了机会。尤其是在被称为水上人家的疍民身上,海洋文化的特性更加鲜明。《太平寰宇记》曾有"疍户,县所辖,生在江海,居于船舶,随潮往来,捕鱼为业"的记载。苏东坡被贬岭南时,对疍民生活曾有亲身的感受:"越井冈头云出山,洋床江上水如天。床床避漏幽人屋,浦浦移家疍子船。"南宋诗人杨万里为官广州时,也对疍民的生活表示过深切的关注:"天公分付水生涯,从小教他滔浪花。煮蟹当粮那识米,缉蕉为布不须纱。夜来春涨吞沙咀,急遣儿童劚荻芽。自笑平生老行路,银山堆里正浮家。"清初香山诗人杨锡震在《粤海赋》中,不吝笔墨描述了疍民的生活情状,所谓"帆樯相逐,疍雨蛮烟,滋滋渗漉。户备罟缯,市盈水族。"将疍民打鱼卖鱼的生活特点描述得生动贴切而富有诗情画意。清人李桦对香山疍民的生活观察得更为细致:"南河堤畔绿杨风,一水湾环两浆中,落入卖鱼墩里去,午渐刚到石桥东。""水藻牵风漾浅泳,芦苇深处有人家,长堤晒网张渔具,密竹编篱种槿花。"这些水上人家,虽然成分复杂,历史模糊,很难编织其家族的谱系,也难于弄清其家族来龙去脉,但他们自己普遍认为,其祖上分别来自番禺、顺德、东莞、南海、江门、新会、佛山、广州等地的珠江出海口。

随着围海造田规模的扩大和生产技术的不断提高,疍民浮舟泛宅、打鱼卖鱼的渔业生活范围日趋缩小。他们中有的向深海里的海岛转移，仍然坚持以捕捞作业为生，成为今天中山、珠海沿海的渔民；有的则弃舟上岸，改事农工，成为陆居的农民或市民。疍民长年在海上生产和生活，不仅养成了整洁卫生的生活习惯，而且也用歌声唱出了生命的礼赞。对于疍民讲卫生爱清洁的习惯，孙中山曾有过客观公正的评价：

  若以清洁论，中国人亦有一部分之人其净洁逾于其他各国，或可谓各国不能及也。
  在我国有自成一族的数万人，他们特别爱整洁爱干净，其人迹在目前，即广州河下之疍家是也。疍民一族之讲求洁净，自衣服以致寝处，无不惟净惟洁，一尘不染。是其素性，为外国人所不能及。彼等虽穷无立锥，而其爱洁净之习惯并无少懈，此人所常知而你等反怨之，此亦中国人好舍近求远之弊。如我人能择己之长，去己之短，发扬光大之，则中国社会笃至于停顿而不能进化也。

孙中山从小在香山翠亨村长大，年轻时在港澳穗三地求学、行医，对疍民生活习惯的观察和评论，自然真实客观而又切中肯綮。

随着沧海桑田的变迁，香山先民那种"陆事寡而水事众"的生产生活方式也逐渐为"日出而作，日落而息"的农耕生活所取代，但香山文化的海洋特性并没有因此而销声匿迹，依然像"上帝的幽灵"一样飘荡在曾经属于香山的这块神奇的土地上。

2 事农圃而务工商

农耕并非中山经济的最初形态,也不是中山先民生活的主要依靠。中山先民大部分从事耕种的时间,严格说来始于宋元时期。宋代香山岛沿海周围沙坦沉积面增大,岭外农耕人口大量南移,香山沙田的开垦因而有了新的动力。

北宋元丰五年(1082),在香山渔、盐二业兴盛的同时,农业也有了长足的发展。其时广南东路转运判官徐九思采纳进士梁杞的建议,向朝廷奏请香山设县时就说:"东海有岛曰香山,侨田户主,客其五千八百三十八,分隶东莞、南海、新会三县。凡有斗讼,各归所属县办理,遇风涛则逾月不通。乞建一县,因香山为名。"虽然在朝廷看来,香山设县的条件还不成熟,但香山渔业、盐业、矿业和农业等方面的发展,还是受到当朝统治者的高度重视。南宋绍兴二十二年(1152)香山设县的请求正式得到朝廷的批准,香山以农为本的经济社会发展方式,也因此得到进一步强化。设县后,历届香山县令采取的"筑堤护田,大兴水利"的政策和措施,无疑有利于农耕经济从末流走向主导地位。

曾对香山设县建城有功的香山寨官陈天觉,在代理县令期间,曾带领全县仕民艰苦创业,不仅使全县出现了农渔工商并举、经济初步繁荣的景象,而且将香山从海洋渔业推向农业生产的发展轨道。首先,他认真奉行南宋朝廷的重农政策,特别是宋高宗诏颁的两项保护农业生产的奖励措施——《招诱措置垦辟及抛荒田土殿最格》《招诱措置垦辟赏罚格》，以农为本，大兴水利。当时新建的香山县，中部是香山岛，东南部皆为海岛，西北部尽为滨岸或岛屿。全县任何一个地方，遇到台风侵袭或暴潮冲击时，必受涝浸，常常是"水涨二丈，飘失舟楫无数"，农作物也遭受灭顶之灾。因此，陈天觉号召各乡积极行动，筑堤护田，大修水利，在平原、山区和早成陆地区，以修陂坝、建堤堘为主，滨岸、河网沙田和新成陆地区，以拍新围、筑土堤为主。经过连续十多年的水利整治，香山从两个初步的农业聚落，发展成为有一定生产基础而且各有特点、各具特色的三个农业地带。从原有的不足200顷农田发展到包括稻田397顷、桑基鱼塘作物地100多顷在内的500多顷农田，合计农田共5万多亩；从原有3000多户渔农参半的居民住户发展到1.1万多以农业为主的居民住户。香山县不但能年年按时完成各项赋税任务，而且还出现社会安定、民生渐丰、乡民爱乡和安土重迁的气象。

与此同时，陈天觉还继续扶持香山渔盐二业，积极为渔民、盐民争取更多的自主权，使香山渔盐产品可以根据市场行情自由上下调节。因此，香山场、金斗湾、磨刀门一带的海面、海滩，凡有澳、湾、洲、岛的地方，都有众多的渔民和晒盐、养蚝者聚结，并出现大批新渔船、新盐场、新蚝田。在香山，盐业生产一直延续至明清时期，是政府的重要经济来源之一。史书上就有"东南盐务纷繁，而香山为产盐之区"的记载。

陈天觉还积极扶助自由工商业者，鼓励小规模的商业经营,扶持小资本的行商坐贾,为商品易地贩运、城乡交流、产销集散和满足供给保驾护航,规定凡从事商品贸易的小商人,可以根据购入本价、贩运费用和市场行情,自行厘定出售价格,只须报经有司稽核酌纳税项便可。因此,新生的小型工商业不仅能同大型的封建工商作坊、邸店竞争,而且具备很强的生命力,在人口还不算密集、经济还处于起步阶段的香山,持续地生存和发展下去,从而使香山城乡经济日趋活跃,繁荣兴盛。他还按朝廷的规定,允许成立独立手工业者和自由商人两种行会,以保护这两类劳动者的独立经营和正当权益;允许百姓自行采矿,自行出售矿产品,只须报经有司稽核并按销售所得额交纳20%的税项便可。此类措施实施后,在香山各乡便逐渐出现集市、墟场,集市墟期各地不同,或在每逢的一、四、七日,或在二、五、八日,或在三、六、九日。当时较大的集市有石岐街市、平岚墟、小榄墟、山场街市和南朗墟。香山石岐的十八间店铺,已扩展到数十间,整个香山首次出现了梓里安定、百姓兴旺、民风勤朴、民生有望的景象。

不过,香山经济由渔、盐二业为主转向农、商并重的经济发展模式,应该是在明清时期。宋元之际,北方大批熟练掌握农耕技术的农民迁移香山,加速了香山农业经济的快速发展。宋元时期,农业经济发展的一个重要表现就是荒丘和沙坦得到大规模的垦辟,农田水利建设也在过去的基础上有了新的改善。这时期移居海边和岸边的中原人,开始在形成不久的沙坦上围垦种植。他们通常的做法有两种:一是先垦后围,由潮田发展为围田;另一种是先围后垦,即在荒坦上将浮露的沙坦拍围垦耕。据记载，最早的堤围大概出现在北宋至道二年（996）。北宋时期珠江三角洲共有堤围 26 条，堤长 55632.2 丈，受益农田面积 2951356 亩。南宋时期所筑堤围 17 条，总长 1.4 万余丈，捍卫面积 13.4 万余亩。元代的堤围有 34 条，总长 62413 丈，捍卫面积达 352617 亩。修筑大量的堤围，有利于泥沙淤积和沙坦的形成。屈大均在《广东新语》中就说："古时五岭以南皆大海，故地曰南海。其后渐为洲岛，民亦藩焉。东莞、顺德、香山又为南海之南，洲岛日凝，与气俱积，流块所淤，往往沙潭（滩）渐高，植芦积土，数千畮（亩）膏腴，可跱而待。"

香山地处珠三角的南端，在宋、元、明、清时期，其渔、盐二业的兴旺和大片淤泥堆积而成的潮田、沙田具有开发的潜在优势，吸引了更多的移民前来围垦，定居。尤其是修筑堤围，需要群体的力量，非一家一姓所能完成的大事情，需要联合诸村诸姓的力量共同兴修。这一客观要求是珠江三角洲，特别是香山宗族制产生的重要因素。取得入住权、土地开发和使用权，也是香山宗族制得以创建和维持的重要原因。随着沙田的开发与地方行政管理的加强，宗族的数量、规模和实力也逐渐增强。在沙田地区定居的人们，急于维护、巩固和进一步拓展其财产和权利，因而格外看重功名的猎取、庙宇的修筑、祠堂的修建、田亩的添置、祭祀的举行和学校的开办，他们希望借此逐渐将沙田开发的据点，发展成为财富、权利和文化的中心。这种沙田开发衍生的宗族制和耕读传家的生产生活模式，固然有利于社会的治理和调控，有利于住户生活的规范化和有序化，也有利于经验的积累和文化的传承，但是，这也容易使人们的思想观念和行为方式日趋保守和僵化，使整个社会逐渐失去创造的活力和进步的生气。

明清时期，统治者更加倾向于重农抑商政策，因为农业不仅给亿万中国人带来必不可少的生活资料，而且还从根本上解决了劳动力就业和国计民生的根本问题。香山在这一时期，移民围垦和农业经济的规模得到进一步发展。最明显的变化是渔业和盐业等已退居次要地位，农业、农民和农村在香山政治、经济和社会中已居于主导地位。明代的香山县对农业经济尤为看重。明嘉靖（1522~1566）《香山县志》载："明初，洪武二十四年（1391）知县赵彦方劝植桑农令，民有不种桑麻棉者，罚之。"而商贾的社会地位在当时并不被人们所看重。《香山县志》就有这样的记载："邑民……性事农圃，不务工商"，"食货出自民力，分为九等，而工商、游手之徒，不与焉"。不过，在实际生活中，香山县一改"蒙元重畜牧，不扶工农轻商事"的做法，而且民分九等，任其自行发展，"一曰农人以殖百谷，二曰灶人以办盐额，三曰织人以成布帛，四曰牧人以藩孳畜，五曰园人以蔬草木，六曰渔人以鱼鲜错，七曰猎人以储皮腊，八曰市人以售酒食，九曰矿人以攻金石"，对各行各业抱着一视同仁的态度。虽然因其在香山经济社会中的作用和影响而有意将百业分列三六九等，但是在实际运作过程中，政府和社会对工商各业仍然给予极大的发展空间。在县城石岐城西门，有商铺十八间，在城门南有所前市和南门市，在城门东有东门墟、堑头市，政府派税务专人收取商税、门摊、课钞,作为政府的日常开支。当时香山除了采矿、冶铸、造船、陶瓷、晒盐、捕养鱼虾蚝和从事农业外,还有种桑麻、织绢帛、酿酒和米饰制作等农工一体的生产者。清代香山人黄沃棠在《下洋即事》中称:"半城半市在江滨,俭朴遗风亦足珍。十亩田园同作力,几家盐灶共为邻。墟头酒妇担壶到,店里农夫买醉频。最是夜来潮落后,月明渔火弄青萍。"诗人虽然是借景抒情,但所咏之事也表明香山农、渔、商各业之间实际存在着共生共荣的相互依存关系。

但总体说来,明清时期,香山人主要还是以农业为本业,赖田园为生计。沙田的围垦和开发,在这一时期仍然动用了社会上的大部分力量,耗费了不少家庭、家族的财力和精力,同时也为社会积累了财富,为土地的合理开发利用积累了经验。明代香山人黄佐在谈到田地的开发和利用时曾指出:

> 香山土田凡五等,一曰坑田,山径之间,颇低润者,垦而种之,或遇潦水、流沙冲压,岁用荒歉。二曰旱田,平铺高硬,潮水不及,候雨而种,岁旱则多抛弃,俗谓之望天田。三曰洋田,沃野平原,得水源之先者为上。四曰咸田,西南薄海之田,咸潮伤稼,筑堤降之,俟山坑水至而耕,堤或圮,苗则槁矣。五曰潮田,东北海通广西,潮漫汐涸,稼宜交趾稻,每西水东往,流块下极,则沙潭渐高,植芦草上,浪浊凝积,久而成田,然后报税,其利颇多。

黄佐所说的洋田属于成陆较早、离海较远的良田,而咸田、潮田皆为沙田,清初屈大均说"广州边海诸县,顺德、新会、香山尤多",并认为"边海人以沙田而富,故买沙田者争取沙裙,以沙裙易生浮沙,有以百亩而生至数百亩者"。根据他的认知和判断可知:

> 沙潭者曰大禾。三四月间,乘水节种之,渐而润至,汐而膏留,莳得其强则无,蟛蜞不食。八月花收,九月重头,粒大而饭多。其田在海濒,弥望斥卤,自一沙至于八沙、外沙,岁有赢壤。三岁种草,四岁种禾,子田之利,常浮于其母,有肥毋硗。秋粮亦薄。此则水田之美者。

咸田、潮田的开发利用,除了借助大自然的力量外,更多的还与地方官员和朝廷对农业的重视和农民的安顿有紧密关系。地方官守土有责,对民生的疾苦有时也表现出十足的关注。历任香山的官员中有不少关心民瘼的官吏,他们也始终将兴建水利视为为政要务。明代邓迁和清代张汝霖就是颇有德政的官员。邓迁于嘉靖二十五年(1546)在香山知县任上,勘量三灶余田归官,听令黄粱都一、二图业户细耕纳租,岁收其谷,入仓备赈,申详守道允行。后人称其"勘详官租,入仓备赈一则,经画之善,爱民之深,可谓至矣"。清乾隆十一年(1746),张汝霖在香山知县任上,"念海滨积淤成田,为吾民利,经画既已尽善,而山坳迤冈,畸零硗确之区,犹可艺植艺粮,因之请于上,十亩下听民自垦,免其升科,给为业。县南旧有罗婆陂,久为豪强改筑,遏水自利,民多苦之,霖诣勘得实,详允修复旧道,藉灌民田数百顷"。张汝霖主持修复的这项跨越得能、恭常两都的水利工程,显然属于利民德政之举。

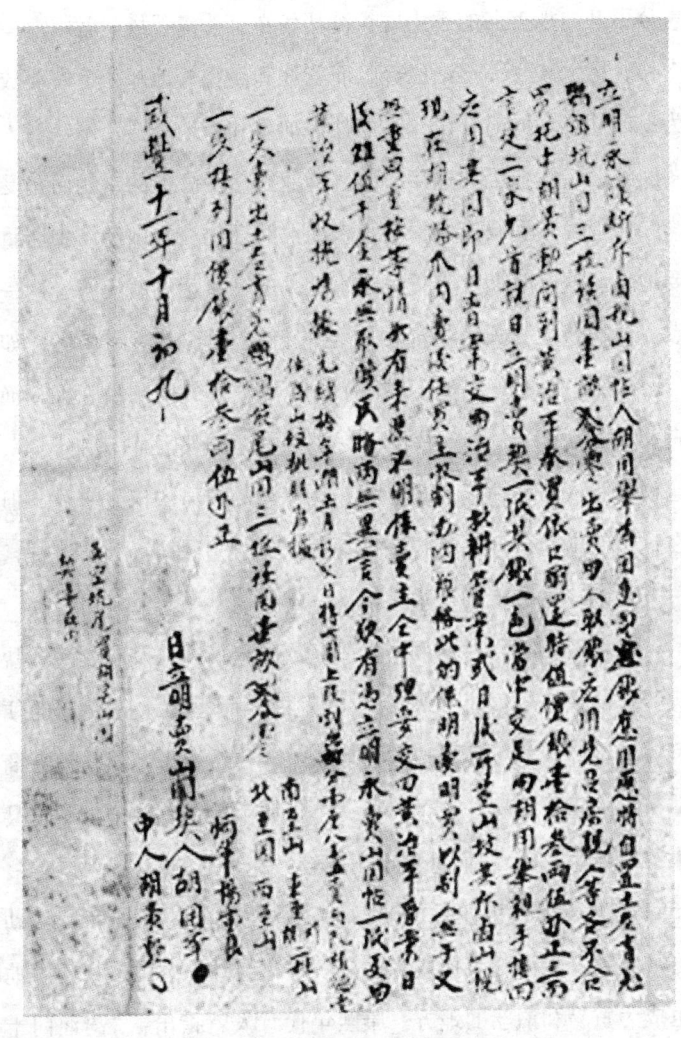

咸丰年间的田产买卖契约

香山渔盐二业在明清时期逐渐退居次位，而农业渐居首要地位，这既与统治者重农抑商政策有着内在的联系，也与自然生态环境的改变和沙田大量开发及农作物种植技术的改进等因素分不开。如著名的香山香炉湾盐场和金斗湾盐场，就因海岸南移，海水淡化而逐渐废弃，而三灶和高栏等地却因近海而成为新的盐场。同时，由于政府盐课加重和当地豪强及不法商人垄断经营，盐业因此逐年萎缩。渔业虽然受海盗的干扰而稍受影响，但由于受政府的保护，在明清时期仍在香山经济中居重要地位。这个时期关于疍民或水上人的文字记述就说明了这一点。清初诗人、画家吴渔山在他的诗文里多次谈到疍民，如"夜半疍船来泊此，斋厨午饭有鲜鱼"，"海气阴阴易晚天，渔舟相关起炊烟"，"晚堤收网树头腥，蛮疍群沽酒满瓶"等，这说明疍人虽然白天放舟捕鱼，在江海的波涛中谋生求存，但在这个时期也已开始从以海为家发展到上岸聚居、形成村落，过安定的亦农亦渔的双重生活。

明清时期香山村落的增加、宗族的繁衍，以及农、渔、盐等行业的兴旺，必然带动商业的发展，而香山水路交通的便利，又为商业的发展创造了有利条件。传统墟市依然是地方商业交易的重要场所。这个时期，不仅墟市数量有了增加，全县大约有墟市30个，而且墟市规模较大，交易的货物品种更多。1553年葡萄牙人租住香山澳门后，香山地区的中外商贸活动更加频繁。除澳门直接成为中外贸易枢纽外，香山十字门等地也成为贸易和泊船的地方。康熙年代有人就指出："离澳门十余里，名十字门，乃海中山也，形如攒指，中多支港，通洋往来之舟，皆聚于此，彼此交易，故有时不必由澳门也。"在澳门半岛与香山陆地连接的地峡莲花茎，明政府于万历二年（1574）建立关闸，一直延续到清初，其地为中葡贸易的一个重要处所。关闸建立后，闸门定期开放，澳门的居民就可以到拱北的集市去采购必需的食物和日用品，而葡萄牙人通过关闸，向香山和广州内陆运去从东非海岸运来的珊瑚、琥珀、鱼肚、燕窝、鱼翅和其他高级货物，从中牟利。康熙十九年（1680），开放从香山到关闸的陆路贸易，"澳门夷人与内地商人，各将货物俱由旱路挑至关前界口，互相贸易"。"其外来船只到粤洋货，及商民货船到香山县，俱由旱路至界口贸易"。吴渔山《澳中杂咏》第十八首云："小西船到客先闻，就买胡椒闹夕曛。十日纵横拥沙路，担夫黑白一群群。"两广总督吴兴祚也在他的诗中记述了其在翠微村外遇到从澳门贩货归来的沽客的情形："岭外云深抹翠微，翠微村外落花飞。负贩纷纷多沽客，辛苦言从澳门归。"可见，在明清时期，特别是清代，香山地区不仅内部墟市异常活跃，而且中外贸易也格外频繁。

商贸的繁荣，同样也加速了香山地区经济社会的发展。墟市本身就是农、工、商业发展的必然结果，但它的繁荣又在客观上推动了工农业生产的发展。香山的工农业到了清代特别是在清末民初之际，在内外多重因素的刺激和拉动下，更呈现工商一体化的趋势。一方面水稻品种的改良和各类农作物如甘薯、番薯、玉米、甘蔗等的大面积种植，不仅使香山的农副产品更加丰富，而且也为手工业和商业的繁荣提供了较强的物力、财力和人力保障;另一方面,工商业的发展,也为农副产品的销售提供了有利条件。香山在嘉庆时期(1819)全县农业用地增加到125.37万亩,工农业生产水平大幅度提高,而且由过去"民繁地瘠,家鲜余资,衣食取给农圃"的穷地一跃而成为"物阜民丰,与南海、番禺、顺德、东莞同列"的大县。

3 参与经济全球化

在1492年哥伦布发现新大陆之前,世界各地区间虽然存在相互的贸易往来和经济交往,但并不存在一个由某一地区绝对垄断的全球海洋贸易体系,也不存在一个由某一地区主导支配、有着直向隶属关系的全球经济体系。也就是说公元1500年前的世界存在着三大海洋贸易体系,以及以中国为中心的中国南海贸易体系。那时的贸易主要是和平的多边贸易,虽然偶然也有一些地区间的矛盾发生,但总体上大家是平等的,各地商人彼此相互容忍,共同获利。即使存在某国或某些商人对某些商品的贸易居主宰地位,也多是市场竞争的结果,而非强权和人为的产物。

但是1500年代后的世界贸易,无论是在方式、方法上还是在贸易的产品结构和贸易的重要区位上,都发生了根本性的变化。首先发生变化的是国际贸易方式。当葡萄牙人闯入印度洋和中国南海的时候,葡萄牙人无须缔造贸易体系,因为这里的贸易体系早已存在。但是,葡萄牙人还有后来的西班牙人、荷兰人、法国人和英国人彻底地改变了这里的贸易方式。随着欧洲列强的海外扩张，以往以和平自愿为主的多边贸易方式的商人被驱逐，取而代之的是"贸易加抢劫"或者说靠军事武力维持的暴力垄断贸易方式。曾经一直与东南沿海和周边国家地区保持着贸易和文化往来关系的中国，在明清时期虽然仍能按照自己的意愿和习惯的方式，与周边国家甚至是与欧美各国保持较为松散的朝贡式贸易关系，但是在中国的丝绸、陶瓷和茶叶等传统产品逐渐成为欧美一些发达国家人民的生活必需品的同时，中国也不知不觉地被纳入全球贸易的经济体系之中，并受经济全球化的影响而不能从容应对，挥洒自如。

岭南地区自古就是海上丝绸之路的主要起源地，明清时期粤商已开始与东西方各国有了较为密切的商贸关系，是最早参与经济全球化的中国商人群体。香山因1553年葡萄牙人租住澳门而最先受到经济全球化的影响，香山人因而也是早期经济全球化的参与者和见证人。秦汉时期，以番禺为中心的沿海交通和海上贸易比较发达，岭南的番禺可谓中国海上丝绸之路的重要发祥地。南越国在汉武帝并入西汉王朝版图后，因其地近南海各国，多犀、象、毒冒（玳瑁）、珠玑、银、铜、果布等物产，"中国往商贾者多取富焉"。当时，从番禺出发经徐闻、合浦两港出海，再到东南亚一带，形成了一条重要的海上丝绸之路。香山周边的海岛自然成为早期海上丝绸之路的重要驿站。考古工作者在今天的中山、珠海等海域和沙湾发现的汉代陶器、唐宋时期的瓷器等就证明了这一点。但严格说来，从秦汉至唐宋元明时期的海上丝绸之路，还不是真正意义上的经济全球化的表现，充其量只能算作各国间的贸易往来，因为一方面它并没有促成世界经济体系的建立和全球范围内国际劳动分工体系的产生；另一方面它没有使与丝绸之路有关的国家内部经济发生结构性或实质性的变化，各国仍然是彼此独立的经济实体。而且香山人是否直接参与了海上丝绸之路的商贸文化活动，一直没有更为具体准确的文字记载。应该说直到16世纪，香山人主要还是专注于农业、渔业、盐业等更为实际的事务，即使与周边国家有贸易往来，也只能是偶然的尝试或个别人的行为。

明清之际，正是西方世界全面向海外扩张的时期，也是学者们所说的"第一次经济全球化"时期。从16世纪初到20世纪初的第一次经济全球化中，最能代表中国的世界经济地位的商品莫过于丝织品、茶叶和瓷器。但是18世纪后，随着中国丝绸、瓷器和茶叶在国际生产贸易中垄断地位的丧失，中国在世界经济中的优势地位和决定作用迅速下降。中国在第一次经济全球化中的经济地位下降，不仅体现在丝织、茶叶、瓷器三大产业在国际生产贸易中优势地位的下降，而且体现在中国商人在国际贸易中的地位下降。不过，在明清时期，中国商品经济发展迅速，特别是珠江三角洲地区开始兴起诸多与出口贸易相关的商品生产，如珠三角的蚕桑业、佛山的冶铁业和陶瓷业等的发展，就在中外商贸竞争中颇具挑战性。与商品生产相适应的是以长途贩运和联合经营为特征的商帮——粤商的诞生。

在早期经济全球化的过程中，香山人因居住地近澳门，处在伶仃洋和珠江出海口，自然较早地参与了中外贸易，自觉或不自觉地被卷入早期经济全球化的浪潮中。1553年葡萄牙人租住香山澳门后,就以澳门为中心建立了中国与欧洲和中国与南洋等国家、地区的贸易网络。香山人不仅在这个贸易网络中充当桥梁纽带的作用,而且还直接参与中外贸易活动,如当时就有一些香山人充当外国来华商船的引水和伙食买办。清政府对引水和买办有严格的规定:"由该同知选择土著殷实之人承充",并要求:

> 查明年貌、籍贯发给编号、印花腰牌,造册报明总督衙门与粤海关存案,遇引带夷船给予引照,注明引水船户姓名,关汛验照放行,其无印花腰牌之人,夷船不得雇佣。至夷船停泊澳门黄埔时,所需买办一体由该司同知发给腰牌,在澳门由同知稽查,在黄埔由番禺县稽查。如夷船违例进出,或夷人私驾小艇在沿海村庄游行,将引水严行究处,如有买卖违禁货物及偷漏税货,买办不据实禀报,从重治罪。

除了引水外,买办也要领取腰牌方能为"夷商"做事。而且,为了方便"夷商"与中国商民往来交易,明代在澳门与前山之间设立关闸,允许中外商民定期采购日常用品和进行货物交易。一位葡萄牙官员于1582年在向其国政府报告澳门情况时曾说:

> 凡是开到这个广东省的外国船舶,都必须在这个澳门

岛的港口停泊,然后同陆地上的人进行交易,不准再深入,而由于外商纷至沓来,中国内地其他各省也就运来各种各样的货物。结果使澳门这个聚居点在贸易上十分出名,东方各地各式各样的货物大批聚集于此。这样,一方面由于这里进入大量贸易,另一方面也由于这片土地十分安宁,它的人口和规模也就不断增加,可以预计,不久之后,它将成为这一带最富庶最繁华的城市之一。

1672年在香山任知县的姚启圣也这样写道:"三十番船锦织梭,百年洋贩独今多。廷臣筹国兵亏饷,荒服输租吏溢科。战舰尽装方外物,长鲸犹鼓岛中波。谁遵巡海当时录,公帑虚縻十万何?"可见他对当时澳门正在发生的变化感到莫名的忧虑和焦急。从他的诗句中,可以清晰地看到澳门中外贸易繁荣给中国带来的冲击。康熙初年实行迁界,澳门被划在界外,乃于入香山县隘道,"设为关闸。许买食内地米石,计口而授,月两启放,内货随之,得航出大黄、茶叶如故。转缘禁海得独专其利"。清乾隆时出版的《香山县志》载:"黄梁都地接新会,又南曰三灶,又南为高阑,连接大洋,番船往来,帆樯相望。"史称:

> 粤中惟广州各县悉富庶,次则潮州,又次则肇州。……广属香山(澳门),为海舶出入喉咙,每一船至,常持万金,并海外珍异诸物,多有至数万者。先报本县,申达藩司,令市舶提举司同县官盘验,各有长例。而额外隐漏,所得不赀,

其报官纳税者,不过十之三而已。……继而三十六行领银,提举悉取十而取一,盖安坐而得,无簿书刑杖之劳心。

由于西洋商人纷至沓来,香山境内的澳门成了葡萄牙等西方商人进入中国内地的桥头堡,伶仃洋则成为中外商船停泊和走私的重要基地。当时在伶仃洋岛卸下的各种货物,有的卖给伶仃洋本地的走私者,有的通过其他外国船只带入黄埔,有的则用小船将货物直接运入内河进入香山及伶仃洋周边的地区。因此香山人较早地从中外贸易中感受到世界商品经济的冲击,认识到中外贸易可能带来巨大的利益,甚至因此担起责任,主动与外国商人打交道、做生意。印光任在《澳门纪略》一书中曾有这样的记载:"商侩、传译、买办诸杂色任务多闽产,若工匠、贩夫、店户则多粤人。"其实,印光任在这里所说的"闽产"人,就是迁移到香山的福建人。1834 年,香山人黄车叶在多俐夷船私作买办。后来,他还主动推荐香山同乡黄添化出任"花旗咪地夷船行业港脚俐吐夷船"买办。据说,这个黄添化通晓汉夷言语,"遇有内地匪徒买烟土,该犯即邀至夷船,传话说合,不计其数"。1838 年,又有香山人吴亚平受雇于夷人吐㗚弗,私自充当买办。为英国大鸦片贩子颠地的宝顺洋行效劳的鲍鹏家族,一年中就有两个私充买办。香山翠微的吴健彰(1761~1866)兄弟就曾是十三行的商人,鸦片战争后他们兄弟摇身一变成为洋行的买办。林则徐在广东禁烟时提到的买办大多是香山人,但是鸦片战争前的香山买办,仅为洋商管理商馆和商船的内部事务,如管理银钱、采购生活用品、照管杂役等，不参与洋商的贸易活动，否则将被清政府查处惩办。公行制度废除后，外商在开放口岸想直接与华商自由贸易，就必须借助既懂外语、外贸又熟悉中国商业行规的人居间代理。而长期与洋商打交道又半通夷语的香山商人便很快被洋商看重，邀请他们出任洋行的买办。

据不完全统计，1830～1900年的70年间，在上海、香港、天津、广州、汉口、九江各埠的四家英国洋行买办中，广东人占十分之九，其中以香山人为数最多。如唐廷枢一家三代都做买办。他本人参与创办的近代中国新式企业多达40余家，其中属于国内或地区内首创的就有八九家。香山人徐润，也是著名的买办，不仅是中国近代印刷出版业和保险业的先驱，而且还是轮船招商局、开平矿务局等新式企业的经营管理者之一，更是19世纪上海颇有影响力的"地产大王"和"茶叶大王"。香山人郑观应，既是受洋行器重的买办，又是著名的改良主义思想家和洋务实业家。他热心时务，先后出版了《救时揭要》《易言》《盛世危言》等具有爱国主义和改良主义思想的论著，是"商战"论的鼓吹者，亦是公开主张中国实行君主立宪的第一人。还有莫仕扬为代表的莫氏家族，三代人做买办，在太古洋行任买办的莫氏家族及其亲朋戚友累计达千余人。像唐廷枢、徐润、郑观应、莫仕扬等在洋行做买办的香山人，在五口通商后可谓不计其数，时人就有这样的评述："几乎所有的外商雇佣的买办都是（香山）这个县的人，这些人介绍的雇员自然都来自他们的家乡。在整个19世纪，香山人几乎与'买办'同义，香山县也常被人称'买办的故乡'。"

三 生产进步中的民生　87

坐落于中山市孙文西路的香山商业博物馆

在第一次经济全球化的过程中，除了这些与洋人打交道或直接为洋行充当经纪人或雇员的香山人外，还有一批又一批的香山人远涉重洋，到海外谋生，或直接参与全球化的经济活动，或间接为经济全球化服务，成为国际劳动分工体系中的一个特殊群体——华工或华商。虽然香山人成为华工或华商的经历曲折而辛酸，"淘金梦"者多而成"金山伯"者少，但是，从19世纪中期至20世纪初，香山人结伴而行漂洋过海，到美国的夏威夷、旧金山、纽约、洛杉矶，澳大利亚的悉尼、昆士兰等地寻找发家致富的机会。他们不是衣锦还乡、落叶归根，就是落地生根，成为居住国的建设者。出洋的香山人遍及南亚、美洲、大洋洲甚至非洲。他们或在南洋开锡矿、种烟草、种橡胶，或在古巴种甘蔗、在秘鲁挖鸟粪、在巴拿马开运河、在巴西种茶、在墨西哥种棉花，或在美国和加拿大修铁路、淘金沙、开矿伐木，或在澳大利亚、新西兰挖金矿和种菜种烟，或在非洲的马达加斯加从事多种繁重劳动。他们在做工讨生活的同时，也在国际产业分工和世界经济体系的建立中扮演着重要的角色，尤其是他们中有不少人携子回国，兴办实业，经营环球百货，如先施公司的创办人马应彪，永安公司的创办人郭乐、郭泉兄弟，新新公司的刘锡基、李敏周，以及大新公司的创办人蔡昌、蔡兴兄弟等，不仅在振兴民族工商业方面开创了近代中国许多行业的先河，而且还主动地顺应和融入经济全球化的浪潮，找准自己的发展方向，确立在国际产业分工体系中的位置，创造性地将自己的劣势转化为竞争的优势，有力地推动了近代中国工商业的现代化和经济的全球化。

即使是香山本土的商民，他们大多是主动参与而不是抵制或逃避经济全球化的浪潮。据史料记载，明清时期，香山与澳门葡人的陆地贸易一直不曾间断，当时出口的货物主要有生丝、粮食、茶叶、糖果、茯苓、瓷器、黄金等，进口的物品主要有食盐、锡、蜡、胡椒、檀木、丁香、象牙、槟榔等。为了在经济全球化浪潮中确保香山经济社会发展和民生问题的解决，香山在农耕种植和手工艺等方面，也出现了专业化生产和职业化经营的分工合作。他们根据自己的实力和本土的实际，以一种开放进取的积极心态，审慎地选择参与市场竞争的方式和方法，与东西方商人展开了一场旷日持久的商业竞争和利益博弈。

四 中外融通的文化

伟人故里、岭南水乡的中山,是沧海桑田和人化自然的历史标本,是海洋文化与农耕文化相互碰撞、相互融合的文化典范,是人口分布集中、成分十分复杂的文化多元的移民社会。这里不仅经历过古南越文化与中原文化的多次融合,而且也遭遇过中外文化的多次碰撞。历代香山人在不断地文化同化和顺应中,不仅有效地传承了中华传统文化,而且创造性地形成了独具本土特色的香山文化。

1 色彩斑斓的民俗文化

民俗文化是民间社会生活中传承的文化事物和现象的总和,它包括物质文化、社会组织、意识形态和口头语言四个部分的内容。所谓物质文化,主要指人类衣、食、住、行、用和工艺的物化形态,以及人们在物化过程中的文化传承形式。所谓社会组织,指的是人类社会集团中氏族、家属、宗族、村落、乡镇、市镇及各种民间组织的总称。所谓意识形态，主要指民间宗教、伦理礼仪、艺术等，是在物质文化和社会组织的基础上形成的精神民俗部分。所谓口头语言，主要指方言俚语，它作为传达思想、情感、知识等的工具，也是民俗文化的一部分。可以说，民俗文化是沟通着民众的物质生活和精神生活，反映集体和社会的人群意愿，并且通过人作为文化载体进行传播的生生不息的文化现象。

中山的民俗文化是香山文化的重要组成部分，是古代香山民俗在当代中山社会的传承和创新。中山民俗文化既有古南越民俗的遗风，又有中原民俗的传承，还有西洋民俗文化的渗透，更有当代中山民俗的孕育和生成。可以说，中山民俗文化的产生、形成和发展变化，与中山独特的自然环境、移民社会的构成和中外文化的交汇等因素有着密切的关系。中山是珠江三角洲地区成陆地较晚的区域，自然有南越人遗留下来的日常生活习俗，如断发、文身、跣行，以及食水产品和生食等，这些习俗在古代香山人的日常生活里就有比较明显的表现，即使在现代化的今天，喜食海鲜和生食某些水产品及蛇、虫、鼠、蚁等所谓的野味，依然是中山人的一大饮食习惯。但是，中山民俗文化更多的是中原民俗文化与中山本土文化融合的产物。中山的岁时民俗、红白喜事民俗与中原和广府其他地区的民俗，没有本质的区别，只是在一些具体规定和仪式上略显不同而已。

中山的婚嫁习俗就十分繁琐，一般有如下几个不能缺少的程序：第一是媒妁撮合。过去，未婚男女除了坦洲、横栏、民众、五桂山等个别地方通过对歌相识相恋之外，大多由媒人介绍撮合。第二是送"利是"。男女双方同意结婚后，男方择日向女方送订婚信物及其他礼物。石岐人称男家礼物出门时为"出盒"，女方由兄弟接受礼物，称"开盒"，部分沙田地区称此礼为"拿茶叶"。第三是送"年生"，俗称"送茶礼"。第四是哭嫁。过去中山沙田地区的待嫁女，在婚前几日，找几位要好的未婚少女同吃同住，于晚间用咸水歌调唱哭嫁歌。第五是出阁。新娘出嫁当日子时，女家请子孙齐全的妇人在门口替新娘梳头，用柚叶煲水沐浴。早上吃其嫂或母亲煮的糖面条，换上新嫁衣，由父兄打开大红雨伞遮着新娘出门，母亲或妆嫁娘在门口向空中及新娘伞顶撒米，表示吉祥。第六是迎亲。石岐、沙溪、小榄等地迎亲是由男家备轿，挑着龙凤礼饼、猪肉、鲜活鱼鸡等聘礼担，由新郎亲自到女家迎娶新娘。水网地区则用船艇迎娶。第七是过火盆。第八是秤堂。第九是摆喜酒。第十是回门，又称请新女婿。第十一是请新岳父，又称请亲家。这十一个环节几乎都要不折不扣地执行。

广府地区民间节日甚多，除按照节令排有春节、元宵、清明、端午、中秋、重阳、冬至等节日外，中山人还特别看重二月初二土地爷诞生日、四月初八浴佛节、七月七日乞巧节、七月十五中元节等民间诞会及佛教有关的节日。但是，像中国其他的地方一样，中山也依然存在长期因袭下来的一些乡土陋俗陈规。如中山北部接近顺德的古镇、小榄、东凤、南头等地，历史上曾有"不落家"的风俗，即新婚出嫁后名义上是夫家的人，但从回门之日起仍在娘家居住，只有逢年过节或在丈夫、家姑生日时才返夫家住一日一夜或半日不宿,一直到怀孕后或结婚满三年才正式到夫家常住,称"落家"。在小榄、古镇、东凤、南头、黄圃等经济作物区的部分妇女,还有终身不嫁的习俗。当她们决定终身不嫁时,便择定吉日,宴请亲友,并拜神发誓,表态"梳起"。她们保留长辫,尊称姑婆,俗称"自梳女"。她们选择志趣相投的结为金兰,甚至另辟一居所聚居,生活上互相提携,这种房子叫"姑婆屋"。但自梳女可收养嗣女,承继产业,嗣女长大成人后也要"梳起",如此代代相传,直到新中国成立后才逐渐消失。

除了岁时节令风俗外,中山的经济民俗和生活习俗及人生礼仪、民间信仰等民俗,与广府民俗大致相同。但因中山是典型的移民社会,讲客家话的客家人和讲闽南话的隆都人、三乡人、部分南朗人和张家边人,他们在习俗礼仪和宗教信仰等方面,与广府民俗有明显的区别,但又与客家民俗和潮州、闽南地区的民俗稍有不同。最有特色的是中山的民歌和舞龙、舞鹤、舞狮及飘色和龙舟赛。

中山早有民歌之乡的美誉,沙田地区流行的咸水歌、高棠歌、大罾歌,五桂山区的客家山歌、沙溪的鹤舞等,都具有浓郁的乡土气息。其中以咸水歌和高棠歌为代表的岭南水乡民歌,最具艺术价值和文化意义。咸水歌大抵分两种腔调:一种称歌妹,歌词以七字顺口溜为正歌,只求顺口,一般不论平仄,还有四字或二字为副歌,配于正歌的开头或结尾,也有不用副歌的,如"劳动冇歌真寂寞呀哩,对岸有人好对歌呀哩","妹好呀哩,哥仔割草正无聊,与你对歌好合时呀哩"

就没有严格的平仄和长短规定,完全是根据自己的思绪和心情顺口而唱的。不过,歌妹的歌词内容多以谈情说爱为主题,其中也有在劳动中互相逗笑,比试知识和技能的内容。另一种称高棠歌,比较讲求平仄音韵,唱起来像带有浓厚的地方方言特点的急吟,歌词如:"金斗湾多河滩,筑好大围水利过了关;禾虫虾蟹用箩担,靓谷堆成山;勤劳致富好过去金山,自家有银山;第日堆成个金山,幸福安乐啰啊哩。"咸水歌因是珠江口咸淡水交汇地带的民调,是潮居里所流行的歌谣,因与咸水和疍民有关,故称咸水歌。中山人的咸水歌、高棠歌一直长盛不衰,既真纯朴素又粗俗冶荡,既感性真挚又妙趣横生,颇受欢迎。20世纪60年代,著名歌手何福友等,曾应邀参加全国民歌会演,受到党和国家领导人刘少奇、周恩来等的赞赏。

中山的民俗和民间艺术还有舞龙、舞狮、舞鹤、飘色和龙舟赛。古镇的六方云龙,张溪的金龙和凤舞,牛起湾的金龙,沙溪的沙龙,申明亭的鹤舞,崖口、黄圃的飘色和石岐、黄圃等地的龙舟赛,都各具特色,尽显风流。尤其是中山长洲的醉龙舞,闻名海内外。醉龙是龙舞中形体最小的龙,也是唯一由喝醉酒的人起舞的龙。它以檀香木雕成的,龙头、龙尾各三尺多长,舞龙者两人一组,一人把龙头,一人抱龙尾,相对或并列而舞。在中山的龙舞中,醉龙舞最讲形态、力量、动作和神韵。《香山县志》曾云:"四月八日浮屠浴佛,诸神庙雕饰木龙,细民金鼓旗帜,醉舞中衢,以逐疫。曰:转龙。首插金花操木龙而舞,舁酒随之,有醉至死者。旧惟八月有之,十年间辗转至半月不息,踵事增华,近益靡丽。"可见醉龙舞不仅与

中山醉龙舞场景

信仰有关，而且还与防疫相连。醉龙舞的动作有拜祀、插金花、请龙、拜叩、喝酒、舞龙、灌酒、巡游等，通常是没有音乐伴奏，只有呐喊助威。舞者不必模仿龙的各种形态，而是带

着强烈的祭祀色彩，在鞭炮、烟雾和酒水中凌空跃起，狂欢而退。如今醉龙舞不仅有了新的艺术表演形式，而且还增加了醉酒狂舞和音乐伴奏的内容，因而更加粗犷豪迈和自由放达，具有强烈的艺术感染力。

最值得书写的还有中山小榄的菊花会、菊花戏和菊花宴。南宋咸淳十年（1274），栽菊、爱菊、赏菊之俗，随着迁徙南下的中原人群传至香山。相传宋度宗为追捕潜逃的宫妃，派兵大肆搜查，南雄珠玑巷移民为避祸，再度南迁至香山地段，见黄花遍地，水足田肥，便留下定居，开垦种植，繁衍生息，形成了今天的小榄镇。为纪念先人开村的功绩，也为黄花给先人带来了好运，小榄人以菊花为题，纪念先人，也激励自己，引领后人。

小榄为冲积平原，土地肥沃，适合菊花生长，而且文人雅士有爱菊、赏菊、吟菊之好，因此爱菊之俗日渐盛行，至今不衰。清乾隆元年（1736），举行首次菊花比赛会，一些文人墨客，于该年霜降后，设菊场，罗列名花，组织"菊试"，品评吟咏，推魁首，别等第，俨然开科取士，按序颁奖。以后，氏族、坊社、图甲多结成菊社，由以文会友发展至以文咏菊。每年重阳，菊友将自己的艺菊移到菊社，观摩品评，饮酒赋诗，交流菊艺。嘉庆十八年（1813）由十大姓氏菊社提议，举行首届菊花大会。设十二琼楼、三千花圃，花卉星罗棋布，又有梨园歌舞、骚客咏吟，到了夜晚灯火辉煌，舟楫穿梭，人流涌动，热闹非凡。自此约定每逢六十年举行一届菊花大会。同治十三年（1874）由何、李、麦三姓联合举办第二届菊花大会，内容增设"大型斗菊筵，广征诗词联赋"。九九重阳日，邀各地名人雅士，"发思古之幽情，吟当今之咏事"。评选优胜，冠名誉，给奖赏。1934年举办第三届菊花大会。规模比前两次更大，镇内分设东南西北中五个展区，大街小巷群卉分陈，各大姓祠堂、庙宇、坊社，均设花棚或花街、花楼、花桥、花景、花塔、艺菊场等，同时举办农业展览，远近慕名而来者逾百万人次。新中国成立后的1959年，又举办菊花大会。此后每十年举办一次，影响遍及海内外，小榄因而被誉为"菊城"。

获得"菊城"之称的小榄，可谓名副其实，这里不仅有栽菊、赏菊、咏菊和爱菊之风，而且还有食菊、饮菊、枕菊之习。宋人在重阳节时，就有食菊糕、饮菊酒的习惯；小榄人同样有菊花酒、菊花糕和菊花宴，甚至还用菊花做枕芯，祛风明目。种菊、赏菊、食菊、咏菊等，在中山小榄已成为一种风俗习惯，更成为一种艺术和文化。菊花成了小榄亮丽的文化名片，也成为中山城市的一道迷人风景。

中山的民俗文化显然不仅仅有咸水歌、高棠歌之类的沙田水乡民俗，也不仅仅有舞龙、耍狮、舞鹤之类的节日习俗、民间艺术及小榄的菊花会、菊花戏、菊花宴等民间习俗，还有南国水色、游艺竞技、民间文艺和民间信仰之类的地方民风民俗。它们都是中山民俗文化的重要内容，共同丰富和发展了中山民俗文化。"一山有四季，十里不同风"，闽、粤、客三大方言民系的居民和文化，在中山这里交融互摄，共同赋予这块肥沃的土地以神秘浪漫、多姿多彩的民俗文化风景。

中山的历史并不悠久,建县乃860余年,但是中山经历过沧海桑田的巨变,经受过中国历史上几次大的移民浪潮的冲击,遭遇过几次中外文化的强烈碰撞,因而继承了不少古今中外的文明成果,吸纳了多个移民社会的文化精华,融汇了香山本土的文化元素,在长时期的文化互动和社会磨合下,逐渐形成富有区域特色的民俗文化。中山民俗文化产生、形成和演变的历史表明,民俗文化是在文化碰撞、文化吸纳、文化传承、文化交融和文化创新中才获得持久生命力的。

2 中西合璧的侨乡文化

中山是一个由移民构成的文化多元的社会,不同区域的人移入中山,成为中山社会经济和文化发展的重要力量。之后,又有不少人再次外迁异国他乡,在那里生根、开花、结果,并逐渐形成了具有中国特色的华侨文化。

中山人移居海外的历史,可上溯南宋,下迄晚清甚至现当代。自香山立县至清末民初近760余年的时间,中山人相互牵引、彼此相携,绵延不断地向海外流动。据有关统计,到目前为止,中山拥有分布在美国、加拿大、澳大利亚、秘鲁、新加坡、哥斯达黎加、马来西亚、印度尼西亚、巴拿马、厄瓜多尔、新西兰、日本、英国等80多个国家和地区的华侨华人和港澳同胞有80余万人,是广东著名的侨乡。

最早移居海外的中山人,有史记载的为700多年前新会杜阮的黄敬斋(1234~1312)。宝祐年间,他奉令出使安南,回国途中遇飓风,居留国外数十载,并在国外与中山三乡平岚村一位林姓女子结婚。后回国时择香山的长洲村而居,为长洲村开村始祖。宋元军队在伶仃洋海战后,香山百姓逃亡至东南亚各国者不计其数。明代实行"海禁"政策后,迫使曾经出洋的包括香山人在内的许多华人定居他国。1770年,香山人杨大钊抵达加尔各答,发展制糖业,成为第一批定居印度的华侨。1800年,十多位香山人到马来西亚槟榔屿谋生。1819年,香山人梁亚胜成为第一位进入新加坡的香山华侨。鸦片战争后,香山人因逃避战乱私谋发展,或海外贸易,或文化交流,或以契约形式出国做工,或以留学的方式移居海外。他们把香山文化和岭南文化、中华文化带到了国外,回国后又将海外的物质文化和精神文化带回家乡,不自觉地成为早期中外文化交流的使者。

华侨虽然身在异域,却总是心系祖国,热爱家乡。他们不仅积极支持近现代中国的反帝反封建的民主革命,而且关心祖国和家乡的经济发展和社会进步,甚至直接参与祖国和家乡的建设事业。尤其是改革开放后,他们为家乡和祖国的现代化出钱出力,其无私奉献的精神和强烈的爱国热情,感人至深。民主革命时期,孙中山称"华侨是中国革命之母",如今华侨更是家乡和祖国建设事业的重要推动力。

华侨对家乡的贡献最突出的表现是侨汇。源源不断的侨汇,不仅成为早期香山人重要的生活保障,而且也拉动了地方经济的发展。早期香山华侨汇款主要用来赡养家眷及作为自己的养老送终金,后来则主要用来投资实业、兴办学校和从事公

**中国百货业先驱、先施百货公司创办人、
香山杰出华侨马应彪先生**

益事业,只有少部分用于家庭日常生活开支。他们回国投资兴业、助教助乐、热心公益的善举,不仅促进了祖国和家乡的经济建设和文化教育事业的发展,而且改变了家乡人民的生产、生活和交往方式,甚至催生了新的价值观、道德观和世界观,从整体上加速了家乡中山社会从传统迈向现代的步伐。

长期以来,旅居世界各国的中山人,从海外带回的不仅仅是大量经济和社会发展急需的钱财,更重要的是还捎回了世界各国的自然、社会、历史、文化、思想、科技等方面的信息。

这些信息不仅使中山在许多方面得西方近代文明风气之先和开中国近代风气之先,而且还促进了家乡技术进步、文化发展,在根本上改变了家乡人的物质文化和精神文化生活,有力地推动了祖国和家乡的社会、经济、医疗、卫生、教育、文化的快速发展。正是由于华侨不断地将海外文化带回故乡中山,使中山文化在日积月累中增加了许多异域文化的成分,逐渐使故乡中山形成了以中华文化为主体、外国文化为辅助的中外合璧的侨乡文化。从这个意义上说,是中山华侨、归侨及本土中山人民共同创造了一种充满异域风情的侨乡文化。

中山侨乡文化最集中的表现是受西洋建筑风格影响的侨乡建筑,如洋楼、骑楼和碉楼及道路和桥梁、医院和学校。这些建筑物,与中国传统建筑在理念、结构、功能、材料、装饰、审美等方面,都有明显的差异,呈现另类风格。在中国广大农村的民居建筑,尤其是珠江三角洲上的中国民居建筑,大多是本地的泥水匠、木匠建造起来的,没有设计图纸和按设计图纸的要求来建造的做法,建筑材料也主要是砖和木,缺乏装饰性。而中山侨乡建筑,不仅在建造时重视图纸设计,使用钢筋、水泥和砖石做建筑材料,而且在结构和功能上都有精心安排,有中西合璧的建筑装饰,既糅杂了古希腊式、古罗马式、哥特式、文艺复兴式、巴洛克式、洛可可式等建筑风格,又保留了岭南建筑和中国传统建筑的文化元素,既实用又美观,在当时珠江三角洲民居建筑中,可谓独树一帜,在街头、路边和田间、地头形成一道亮丽的风景。这种中西合璧的建筑在19世纪和20世纪的中国农村,是一种新的洋味十足的文化符号,是独特的文化景观。正如学者郑德华所言：这种文化景观不仅加深了海外华人对家乡的记忆，而且为侨乡海外移民的延续带来一定的影响。侨乡中西合璧建筑的堂皇、别致，在乡间建筑中鹤立鸡群，为许多年轻人羡慕，从而变成一种刺激或诱惑其移民海外的因素。从某种角度看，当年的侨乡中西合璧式建筑，实际上变成了新一代中山人向海外移民的催化剂。

中山侨乡文化另一个重要特点是，侨汇、侨资成为中山经济的重要支柱。近现代社会，侨户在中山已成为一种特殊的社会阶层，其生活消费力明显高于非侨户。侨乡的经济严格意义上讲，已不再是单纯的男耕女织的自给自足的自然经济，工商业在经济中的比重明显高于非侨乡地区。土地的拥有已不再是财富量度的唯一标准，商品经济大量渗入，从根本上改变人们的生活方式、价值观念和整个社会结构。民国九年（1920）出版的《良都竹秀园月报》，就指出侨汇对中山侨乡的影响：

> 我乡古代，业农者众，旅外人稀，风俗淳厚，人情勤俭，畎亩之间，男女常共耕作，田园市圃，彼此各任其能。农隙之余，男则采薪以小贩；女则缝衣而织麻。熙熙攘攘，有上古遗风。降自今日，营业日艰，生计困苦，男则有出洋之举，女则有辍耕之行……一家数口，皆赡养外洋之资，甚至以懒惰不事为清闲，赌博浪游为消遣术……故婢仆亦纷纷购请……好言高远，新名词语，冲口而出……衣服时装，日新月异；金银首饰，千变万化；石岐

来往,三天一行;一衣一衫,付之缝工;一线一履,购之于市。不惜男子远涉重洋之艰苦,日望汇金之有无。

《古镇月报》的作者中也有人看到了这一点:"家乡和侨胞的关系,密切而又重要,桑梓人士,十之八九,都是仰给于侨汇之家。"侨汇对中山经济、社会和家庭的影响,由此可见。

中山侨乡文化在人们的思想观念和精神面貌上,还表现为具有明显的开放性、包容性和创新性。侨乡文化是中外文化特别是中西文化融合的产物,文化的兼容性和文化的创新性,决定了侨乡人民思想观念的开放性和精神气质的自律性。由于侨乡接触西方近代文明较早,往往容易开风气之先。与非侨乡相比,其重商主义色彩浓厚、敢于冒险、不因循守旧及开放兼容的精神,都比较明显。同时,侨乡的"二世祖"现象、攀比奢靡之风及小富即安的心态等,也成为侨乡文化的消极因素,不利于社会的健康发展。但从历史上看,这些不是侨乡文化的主流,也不是侨乡社会普遍的现象。事实上,在改革开放的今天,中山社会这种较为强烈的商品意识、敢为人先的意识和开放意识,已凝练升华为新时代的开拓创业精神和改革创新的活力,从而形成了较有生命力的侨乡创业文化。总之,侨乡文化既体现了香山文化的特点,又彰显了中山移民文化的特色。

3 汇通天下的商业文化

商业在古代社会一直被视为末业而备受抑制,商人处于

"士、农、工、商"四民之末,地位极其低下。直到鸦片战争以后,在西力西学的冲击下,商业才逐渐繁荣和发展起来,并成为富国强兵之本,商人也扬眉吐气,一跃而成为国家和民族的救星。"振兴中国,首在商民",几乎成了近现代有识之士的共同心声。

香山人向来就有经商的传统。自宋代香山立县以来,石岐一直是各种商品的聚散地。元明时期,石岐山下就有商铺十八间的传说。葡萄牙人占据澳门以后,澳门与香山地区之间的贸易就更加频繁。中英《南京条约》签订以后,香山因邻近港、澳和广州,中外贸易和地区之间的商品流通迅速发展起来。境内的石岐、小榄、前山、香洲等地,也因商业的繁荣而成为市镇。特别是清末民初时期,受孙中山民主革命和"实业救国"思潮的影响,香山的工商业再一次出现蓬勃生机,县治石岐工商业在原来十八间商铺的基础上又得到进一步发展。民国时期,虽屡经战乱,商贸活动受到影响,但民间墟市仍然断断续续地进行,对外贸易也没有完全中止,商贸传统也因此传承下来。

大致说来,香山商业文化经历了宋元孕育时期、明清形成时期、清末民初发展时期和新中国以后的转化和创新时期四个历史发展阶段。宋元孕育时期,乏善可陈。明清形成时期,因受颇具西方文化特色的澳门之影响,香山的对外贸易和内部商品流通日趋频繁,并逐渐形成了以中外商品集散地为主要特征的商业文化。清末民初时期,香山不仅造就了为数众多的精通中外贸易业务的著名买办商人,而且也涌现大批享誉中外的华侨资本家。他们不仅通过艰苦努力为自己赢得了荣誉和财富，而且以其智识和勤奋有效地推动了中国工商业的近代化。在他们的影响和带动下，中山的商业文化有了前所未有的革新，石岐街的人文社会风貌也因此而改观。新中国成立以后，中山的商业文化经过"三大改造"、十年"文革"和三十多年改革开放的冲刷洗礼，经营方式实现了从分散到集中，从私营到公私并存，从单一向多元方向发展的历史性转变；经营理念也在过去的诚实、守信基础上进一步发展为诚信、公平、方便、快捷和文明、礼貌。中山商业文化实现了从传统到现代的转变。

具体来说，今日中山的商业文化集中地体现在早期中外贸易、买办群体、四大百货公司及清末民初石岐孙文西路商铺十八间等方面。受买办商人和早期中外贸易及中西文化的影响，清末民初时期，澳洲香山华侨马应彪、郭乐兄弟、蔡昌兄弟及李敏周和刘锡基，他们先后创办的先施、永安、新新、大新四大百货公司，不仅把国外百货业的经营模式、管理经验、各国商品引进到中国，开创了中国现代民族百货业的先河，而且创造性地推动了中国百货业的现代化。

受买办和侨商的影响，清末民初时期的香山商业文化，在具体内容和表现形式上均增添了不少新的色彩。尤其是香山石岐，以孙文西路十八间商铺为代表的市井商情最具魅力。它们既是传统商业在近代社会的延续，又是现代香山商业文化崛起的雏形。当时太平洋公司、先施公司、永安公司、汇丰公司、多多公司、昭信公司、福和盛、生发、宝昌、永安金铺、天宝、信发百货、满新、雨贞布匹、公益纸料行、亚细亚、德士

四　中外融通的文化

古、美孚十八间商业店铺的整体格局，店铺门面、室内陈设、经营范围、商品特色、商业用语、商贸活动、工艺制作、招幌市声、店员衣着和精神面貌，既有买办文化、侨商文化的烙印，又具有现代气息和时代特征。

1947年中山石岐汇通金银号职员摄影留念

　　近代香山商业的产生、形成和发展的历史虽然略显短暂，但它在中国商贸史特别是在对外贸易史和商业文化史上，占有十分重要的地位。

　　首先，明末清初以来，香山因地近澳门而成为中外贸易和文化交流的重要枢纽。这个时期，各国的货物源源不断地从澳门经香山各地进入中国腹地，中国各地的产品又主要借助香山和澳门走向世界。石岐因地理位置的特殊性，迅速成为中外货物的集散地之一，其商业规模、商品种类、销售对象和商业效益及消费文化等，也实现了历史性的跨越。

其次，买办、买办资本和买办文化，也是鸦片战争以后中国经济社会出现的一种奇特现象，而那时的香山却是大多数买办商人的故乡。尽管买办难免有崇洋媚外和唯利是图的嫌疑，但是他们尤其是香山买办在早期中外贸易和中国经济近代化的过程中，毫无疑问地起了突出的重要作用。他们大多生活在异国他乡，但是他们的言行和事业成就及对家乡发展变化的关注和支持，也毫无疑问地影响了其时和后来中山人的价值取向，直接或间接地影响了其时和后来中山商业文化的结构和特点。

再次，香山侨商创办的四大百货公司，不仅是华侨爱国爱乡的具体表现，更是中国百货业发展史上的创举。他们不仅仅引进了东西方各国以商品为主要形式的物质文化，而且也向中国人传递了西方商业运作方式、管理哲学及价值准则等商业文化信息，极大地加速了中国商业从封闭到开放、从落后到进步、从传统到现代的转变。

最后，郑观应的"商战"论和孙中山的商贸观，在中国近代经济思想史和商业思想史上亦占有突出重要的地位，并产生过深远的影响。郑观应在《盛世危言》中多次强调振兴商务、发展工商业于国于民的重要性，成为最早主张"商战"的思想家和最早介绍商会、呼吁中国政府和商人设立商会的人。孙中山同样具有明确的重商思想，他不仅认为"以农为经、以商为纬、本末备具、巨细毕赅，是即强兵富国之声，治国平天下之枢纽",而且认为士、农、工、商是社会分工的结果,无贵贱尊卑之别,中外通商,利国利民。他本人不仅与商会有频繁的接触,而且曾有经商的体验。石岐孙文西路中西药局,就是孙中山涉足商业的尝试。

中国最早主张"商战"的近代杰出思想家郑观应

总之,近现代香山商业文化的形成和发展,是中西文化交流,国际国内政治、经济、文化发展的必然产物。香山商业文化既是近代香山人自我价值实现的具体体现,又是中国近现代商业历史的缩影。香山人在近现代中外文化交汇的转折点上,借商业入世，大胆开拓，不断创新，为中国商业文化的发展作出了杰出的贡献，也实现了自我历史的书写。

4　博爱互助的慈善文化

自古以来，慈善行为就是道德伦常的一种规范。儒家讲仁义和善行，道家讲积善修德，佛家讲大慈大悲。善心和善举合起来，成为社会所推崇的道德规范。

中国的慈善传统是人帮助人的互助传统，人人为我，我为人人，人人可做，人人可得。但是，中国的慈善从来没有像西方那样将公共领域与私人领域截然分开。在古代，每逢灾年，政府和民间都设置粥棚济贫，地方士绅还回应官员的邀请出来行善。1949年前的中国，将民间组织或个人自愿对社会中遇到灾难或不幸的人们不求回报的帮助或救助的行为统称为"慈善"。自新中国成立至改革开放，慈善实际上被政府公益完全取代了。直到近十几年，人们才开始分辨慈善与公益的差别。传统的慈善思想和理念主要是救济灾害和贫困，救助社会弱势群体，是救急不救穷。而近代西方新的社会慈善福利观和公益思想，则通过教会慈善事业、西学报刊、国人海外见闻三条渠道传入中国，被一批先进的中国人所接受。因此，在传统慈善思想观念中又增加了新的内容，人们所要着力做的已不仅仅是救助贫困和扶助弱势，而且还要大力发展社会公益事业，包括改良社会环境，抵制不良习俗，提高教育程度和文明健康水平，使整个社会人人都能受益。慈善事业的内容也比过去更加丰富，包括以工代赈和兴办医院、育婴堂、孤儿院、养老院、特种教育等所有的公教、公养和公恤机构。

中山的慈善文化，严格说来就是在这种新的慈善思想观念影响下发展起来的。虽然中山自建县以来，有陈天觉捐资兴建的学宫，开了香山文化教育事业之先河，但在当时香山社会还处于形成和发展时期，慈善性的公益活动还未形成气候。宋、元、明、清时期，中山亦不乏扶危济困、助残扶弱和热心公益的嘉言懿行者，但都未出救急不救穷的传统慈善范畴，还未形成比较系统而完整的近代慈善文化。近代以来，受西洋慈善文化、传教士的慈善公益活动、华侨群体和郑观应、孙中山等人慈善思想的影响，中山慈善文化逐渐有了自己的雏形。

据有关史料记载，19世纪60年代，天主教由澳门传入香山，而基督教传入香山始于清同治十三年（1874）。截至1949年，中山县共有十余个基督教会组织。天主教传教士在中山先后开办过小德书院、圣心小学等近代教育机构及仁爱医院。基督教传教士开办过广智国民学校、世光学校、衷光瞽目院、广昌学校、圣德学校、欧亮学校、培根幼稚园、康乐幼稚园、同庚学校、陶淑女校、淑德女校、美理女子中学、浸信小学和同寅医院。西方近代慈善公益理念，在教会的各种实践中得到有效的传播。

尤其是郑观应、孙中山及侨商等人的慈善思想和各种善行义举，在近代中山社会产生了深远的影响。郑观应既是著名的买办实业家，又是颇有影响力的改良主义思想家。他在《救时揭要》和《易言》《盛世危言》著作中，较早地阐述了慈善事业的价值与意义,并提出了自己的社会救济和慈善主张,提倡防灾备荒和扶弱济贫,主张借鉴西方各国经验,设立救济和保障机制,设立百工之保险,举办教育与培训,帮助无业者解决各种困难;建议在各国设立领事馆,保护华工的合法权益,通过法律手段和外交手段解决"猪仔贸易"问题;呼吁禁止妇女贩卖、妇女缠足、溺女婴等社会陋习,强调男女平等,发展女性教育;告诫政府节靡助赈,以工代赈,严防赈务中舞弊问题,设立栖流所等,使社会救助真正落到实处,立见成效。难能可贵的是,他和他的父亲及族人,都是近代慈善事业的推动者和带头人。他的父亲郑文瑞(1812~1893),虽一介布衣,但热心社会公益,捐资修建长达一公里的石板路,参与澳门镜湖医院的创建;在家乡雍陌村捐资助赈丁戊奇荒,并督促其子郑观应办理丁戊荒政。郑观应本人则多次参与北方灾荒的赈务活动,对地方和国家公益事业,也表现出极大的热情,多次受到朝廷和地方政府的肯定和表彰。

孙中山同样是近代慈善事业的倡导者和博爱思想的实践者。受基督教博爱主义、西方人道主义、法国大革命"自由、平等、博爱"口号的影响,又受中国传统文化中"仁爱"思想和香山本土慈善文化的熏陶,孙中山明确提出了"救世、救人、救国"的为众人谋幸福的博爱思想。在他看来,博爱是一种人生的权力,是一种好的道德观念,但博爱是"公爱"而非"私爱"。"仁"也有"救世之仁""救人之仁"和"救国之仁"之分,"救世"是宗教家之仁,"救人"是慈善家之仁,"救国"是革命志士之仁,强调其时的救国为仁爱的第一位。在孙中山的革命生涯中,"博爱""天下为公""世界大同",既是他毕生奋斗的理想,也是他锲而不舍地宣传、鼓励和唤起民众的目标。在他遗留下来的469幅题词中,"博爱"题词68幅,"天下为公"的题词39幅,以及字异义同的"大道之行也""天下为公""世界大同""共进大同"等题词36幅,共计143件,约占总数的1/3。孙中山不但大力倡导和宣传博爱思想,而且将其融入到革命事业之中。在"医人"生涯向"医国"事业转变过程中,孙中山不仅尽其所能帮助身边贫者、弱者、病者,而且积极支持亚洲各国的民族独立和解放运动,表现出革命者的救国、救世、救人的大爱情怀。中华民国临时政府成立后,孙中山甫任临时大总统,就采取了一系列社会救济措施,向各省发布了《救民疾苦之通电》:"饬各属勿许越法肆行,一面出示谕知人民有前次疾苦者许其按照《临时约法》来中央平政院陈诉或就近向都督府控告,一经调查确实,立于尽行惩治,并将罪状宣示,以昭警戒。"针对当时各地灾荒迭现的情形,采取了拨发银两给灾民、平粜粮价、预防疾病传染和鼓励民间办赈等积极措施。1922年,广州中华民国政府成立,孙中山就任非常大总统兼任内政部部长期间,就明确规定:"设社会事业局,专管育孤、养老、救灾、卫生防疫、监督公益及慈善各团体,设农务局,保护农民,开垦荒地,培植及保护森林,兴修水利等。"在对革命死难将士的抚恤、罪犯的宽赦及移民妥善安置等方面,都体现了孙中山的博爱情怀和慈善思想。

受同乡先贤郑观应、孙中山等人的慈善思想和身体力行的影响,也受海外侨胞的积极引领和榜样作用的激励,中山慈善文化不仅在有形的物质层面产生了不少新生事物，如幼稚园、慈善堂、医院、学校、养老院、救火车、公路、桥梁等，而且在无形的制度和文化方面也有了不少的建树。孙中山不仅重视社会救助工作，而且还将世界《红十字会救伤第一法》译成中文，希望以"西人救伤救危之法"补中国"济人之术"之不足。郑观应也曾主张慈善救济应制度化、规范化和社会化。唐绍仪在建设模范县时期，在地方自治的制度设计上，也曾对救济事业作了较为明确的规定和具体的要求，即整理现有的慈善机构、筹设区或乡镇救济院，逐步扩充办理养老、育幼、济贫、救灾等各项事情，实现孙中山的民生主义思想主张。尤其是改革开放后，中山在政府的大力倡导和支持下，以红十字会为依托，开展了一系列有计划、有组织、有制度、有章程、有法规的慈善活动，形成了物的层次和心的层次相结合的慈善平台，也就是将中山的历史悠久、底蕴深厚的慈善理念与中山人的慈善行为，以"慈善万人行"的形式全方位立体地展现出来，并衍生出一系列规范这一形式的组织、章程和法规等，从而使中山慈善文化进入新的历史阶段。

1988年以"人道·慈善"为主题的"慈善万人行"，点燃了海内外中山人心中孕育的博爱之火，激发了海内外中山人共襄善举的博爱精神，开启了现代中山慈善文化的先河。从1988年民间自动发起的"敬老万人行"到1989年以来的"慈善万人行"，中山人从不懈怠，大胆创新，不断丰富其文化内涵，使其不仅成为全市一项大型的民间群众活动，而且成为最具特色的城市精神名片。"慈善，让城市生活更美好"，中山的"慈善万人行"还成为 2010 年上海世博会城市最佳实践区的案例,在世博会上得到世界各国人士的关注和好评。20 多年来,中山"慈善万人行"活动以其不断丰富、不断创新的内容和形式,成功地引导人们善行善举,使慈善事业不断获得发展,使名城中山逐步实现了老有所养、危有所解、弱有所助、疾有所医、贫有所济、学有所用、住有所居、业有所成、心有所寄。

历届"慈善万人行"通过义捐、义卖、义演、义诊、义修、义工、义务献血和心理辅导等形式,募集了大量物资,仅善款一项就高达数亿元,用于市内外赈灾、兴建慈善设施、安置孤寡老人、设立法律援助中心、组织志愿者和义工队,为个人和群体提供必要的帮助,减轻了他们的经济负担,消除了他们的心理疾患,帮助他们摆脱生活的困境。汶川地震、洪灾、雪灾、旱灾、海啸等发生后,中山人自觉自愿地捐款、赠物、献血和奔赴灾区救援。全市每年参与慈善捐款的市民高达 100 多万人;全市志愿者队伍发展迅速,长期从事慈善志愿活动的志愿者就超过 15 万余人。

可以说,"慈善万人行"活动已经融入中山市民生活之中,衍变为中山市民一种新的生活和交往方式。"慈善万人行"活动,不仅有效地融合了中山民俗文化、产业文化、企业文化、社区文化、华侨文化、校园文化,而且将香山文化中蕴含的天下为公的爱国精神、愈挫愈奋的革命精神、与时俱进的进取精神、厚德慈善的博爱精神,有效地融入其中,促进了捐献者、志愿者、组织者、受益者之间的交流互动,以及企业、个人和社会之间的沟通与协作,实现了跨地区社会资源的整合和利用,基本上实现了慈善事业的全民动员和全民参与。经历了20多年的风风雨雨，中山"慈善万人行"从最初的民间"敬老"活动，到"社会互助，共建和谐"主题的确立，内容和形式都在不断创新中得到深化和拓展，其倡导的"人道、博爱、互助、奉献"，已成为市民的文化自觉、行为自律和精神自省的修身准则和行为规范。慈善博爱，在中山既是一项实实在在的行动，又是一种追求至善至美的修身文化，更是践行社会主义核心价值观的具体体现。

5 群星璀璨的名人文化

名人是一种现象，又是一种文化。名人不仅仅在于他是名人，还在于名人与有形和无形的文化资源有着直接或间接的联系。他们既是文化的拥有者和消费者，又是文化的生产者和传播者。文化的产生、形成、发展和变化，总是离不开个人，特别是离不开那些大胆探索、勇于创新、不断进取的名人和伟人。前身为香山县的中山市，不仅是伟人孙中山先生的故乡，而且是许多杰出人物的诞生地。

早在明代中期，香山文化教育就与中原等地的水平不相上下。有明一代科举人数日渐增加，中举人数累计达138人之众，其中有16人考取进士，还有277人获贡生和监生头衔，他们中有的甚至后来在学问文章和官场上颇负盛名。如黄瑜、黄畿、黄佐祖孙三代为代表的香山黄氏家族，可谓人才辈出，在香山乃至岭南地区颇有名望。到了清朝，香山读书应试者更众，截

孙中山先生是中山市最著名的文化符号

止至科举制废除的 200 余年内,香山有 2 名探花、107 名进士、721 名举人,另外尚有贡生和监生 589 名。虽然科举考试不是人才选拔的唯一途径,也不是衡量人才的唯一标准,但可以肯定地说,它毕竟是古代香山社会文化教育和社会发展的重要标志,反映了香山社会的价值取向和文化认同,展现了香山社会的政治、经济、文化发展的总体水平。

与传统社会倾向于要求子嗣读书进学、升官发财、光宗耀祖不同的是,香山人更多地倾向于工商和外出谋生。尤其是鸦片战争后,香山人受东西方文化的影响,创业成材之路不再局限于科举一途,而是大胆探索、勇于开拓、不断进取,多途径、多侧面、全方位地展现自己的才华,表达自己的思想和意向,实现自己的人生价值。孙中山、陆皓东、杨鹤龄、杨仙逸、杨殷、林伟民、苏兆征等,在近代中国民主革命中曾起过十分重要的作用。孙中山是中国近代民主革命的伟大先驱和中国近代化的重要探索者。沈亚美、刘丽川、容星桥、徐振鹏、陈庆云、容有略等,在抗击外国侵略的斗争中,表现出的大无畏精神,可歌可泣。孙眉、郑仲、唐雄、杨著昆、马应彪、郭乐、郭泉、蔡昌、蔡兴、刘锡基、李敏周、杨仙逸、唐廷植等华侨,积极投身于祖国的革命和事业建设的精神,为同胞所称道。徐润、唐廷枢、郑观应、马应彪、郭乐、蔡昌等,在近代中国对外贸易和工商业近代化的过程中,均起了示范和带头作用。而容闳、郑观应、钟荣光、刘师复、杨匏安、王云五等的思想主张和文化理念,促进了中西文化交流。苏曼殊、阮玲玉、郑君里、萧友梅、吕文成、郑锦、方人定、黄苗子、方成、阮章竞、古元、容国团、江嘉良等在文化、艺术和体育上取得的巨大成就,亦令今日中山人感到骄傲和自豪。郑藻如、唐绍仪、蔡廷干、梁如浩等在外交上表现出的才干和气节,同样可圈可点。卢慕贞、徐宗汉、董慧、徐慕兰、朱慕飞等,也是名垂青史的巾帼英雄。在人口不到100万的香山县,短暂的民国时期居然涌现近100名航空人员和3名航空学校校长,并先后出现了唐国安、钟荣光、韦卓民、容启东等中国著名大学的校长。这些享誉海内外的历史人物都集中出现在近代香山,实在不可思议。

一部最具权威的大型综合辞书《辞海》在新版中收录了古今中外9000多名历史人物,其中有30位是香山人。《广东近现代人物词典》收录的2353人中,其中香山籍的有188人,约占总数的8%。在《中国近代史词典》中，收录的香山籍人物也有近30人。在《中国现代史词典》中收录的1034人中，香山籍人物有15人，约占总数的1.5%，在《孙中山词典》中收录的近800位中外历史人物中，香山籍有42人，约占总数的5%。而载入其他典籍的香山历代名人亦不下300余人。在中国最早官派留美幼童120人中，香山籍就占了39位，约占总数的1/3。可以说，在近代中国，香山不仅产生了闻名中外、影响深远的历史人物，而且还首开风气，推进了中国的现代化进程。

自明清两个时期特别是近现代以来，香山因特殊的地理位置和人文历史环境，孕育了无数英才俊彦，产生了众多闻名中外、影响深远的历史人物。其人数之众、知名度之高、涉及范围之广、影响之巨大，在中国近现代历史上可谓独一无二。历史并不悠久的香山，因有了这些革命家、改革家、外交家、思想家、实业家、文学家、教育家、艺术家、科学家、军事家和体坛精英，而闻名遐迩、誉满全球。

众多重量级的历史名人出现在同一个狭小的空间内，既是一种典型的社会现象，又是一种耐人寻味的名人文化。因为名人不仅仅在于他是名人，还在于名人与有形和无形的文化资源有着直接或间接的联系。他们既是文化的拥有者和享受者，又是文化的生产者和传播者。名人文化是指与名人有关的一切事物和名人的行为方式、心智状况、精神品格及名人的社会影响等。其内容同样包括如下几个方面。其一，物质层面，即与名人有关的物质方面的文化，如名人住过的房屋、用过的器具、穿戴过的服饰、坐过的车船、看过的书籍、创作的作品等,都属于名人文化的组成部分。其二,制度层面,即与名人相关的典章制度、法律法规、行为规范等,如孙中山与废除奴婢制度、跪拜礼仪,郑观应与近代商会制度,容闳、郑藻如等与清政府的侨务政策等,都具有历史文化的价值和意义。其三,思想观念层面,即名人的思想观念、思维方式、审美趣味、道德情操、宗教情绪、民族性格等方面的表现,如孙中山三民主义思想、文化性格和行为方式、宗教信仰等,郑观应的"商战"思想和君主立宪主张及他的《易言》《盛世危言》等著作表现出来的思想观念,容闳的教育思想和现代化理念,香山买办、香山侨商的生活方式和价值观念等,都是属于名人文化的思想观念层面的内容。这三个层面的内容相互联系,形成名人文化的有机统一体。历史表明,中山名人文化在长时期的历史积淀中逐渐形成了自己的特点,具体表现为层次性、地域性、阶段性和多样性。

最引人注目的是,中山名人文化具有一定的层次性。名人有不同层次、不同级别、不同影响、不同类型之分。就中山名人的影响力而言,则既有世界知名的杰出人物孙中山及有关的文化遗存,又有国内著名的人物如容闳、郑观应、唐绍仪、王云五、苏曼殊、阮玲玉、萧友梅、刘师复、郑君里、徐润、唐翘卿、马应彪、郭乐、蔡昌、蔡兴等名人及有关的文化遗存,还有岭南地区知名人士如钟荣光、郑彼岸、郑贯公、郑道实、郑佩刚、郑天锡、杨匏安、方人定、吕文成、唐涤生、刘逸生等地域性的文化名人及有关的文化遗存。所有这些不同层次的历史名人及有关的文化遗存，共同形成了中山名人文化的资源优势。

另一个为人们所认同的是，中山名人文化具有明显的地域性。中山名人主要集中在中山南部人口密聚的沿海村镇，如今天中山的南朗镇、三乡镇、火炬区、南区、石岐区、沙溪镇、小榄镇和珠海的唐家、下栅、会同、香洲、梅溪、前山等地；东北部的浪网、民众、三角、阜沙、黄圃、东凤、南头和中部五桂山区，名人相对较少。名人的地理分布表明，名人产生和名人文化形成与地理环境、社会经济、文化发展有着不可分割的联系。经济发达、历史久远的濒海村镇，是产生名人及形成名人文化的必备条件。在这些村镇，同样保存有大量的名人文物和名人掌故。如南朗镇是伟人孙中山先生的故乡，而且还是众多名人的诞生地。中国驻夏威夷领事程利，檀香山茂宜王孙眉，海军总长程璧光，中国共产党第六届中央委员、政治局常委、中央军事部长杨殷，四角号码检字法的发明人、百科全书和万有文库的主编、出版家王云五，植物学家林亮东，一代艺人阮玲玉，漫画大师方成，为中国共和革命牺牲的第一人陆皓东，中共中山党组织之创始人李华昭等，他们都是南朗镇的先贤俊彦。这里至今还保留有孙中山故居、杨殷故居、陆皓东故居、王云五故居、中山革命烈士陵园、纪念中学、陆皓东墓、孙昌墓、冯氏宗祠、程君海故居等，在面积大约200平方公里的南朗土地上曾出现这么多在中国历史上具有较大影响力的历史人物，这表明中山市具有丰厚的历史文化积淀，真是"物华天宝，人杰地灵"。

特别值得注意的是，中山名人文化发展具有阶段性。中山名人主要集中出现在鸦片战争至民国时期。自南宋绍兴二十二年（1152年）建县至鸦片战争，中山历代名人的总和，还不及鸦片战争至1949年这段时期的十分之一。大致说来，宋元时期，是中山名人文化形成的原初阶段。宋元海战后期，南宋王朝皇亲国戚和名臣战将南徙中山，为中山名人的诞生和名人文化的形成带来了千载难逢的契机，因此产生了像梁杞、陈天觉（1087~1183）、马南宝（1250~1285）这样的地域历史文化名人。明清时期，西人东来、中外通商、经济发展、文化繁荣的历史社会环境，又为中山名人的产生和名人文化的形成带来了机遇和挑战，因此这一时期出现了像黄瑜、黄畿、黄佐、李孙宸、何吾驺、钟宝、黄培芳、曾望颜、鲍俊这样的文化名人。晚清至民国时期，中西文化大碰撞，中山人得风气之先又开风气之先，真正进入人才辈出的时代。这一时期，涌现了在政治、经济、文化各个领域均具有国际、国内影响力的历史人物和文化名人。可以说这一时期是中山名人与名人文化形成和发展的辉煌时期。中山历史名人的文化资源因而以近现代最为丰富多彩。至今保存完好的近现代文物无论在数量上还是质量上，都远远超过香山的古代文物，最有历史价值、科学价值和艺术价值。

最后还要说明的是，中山名人文化具有类型的多样性。所谓中山名人文化的多样性，主要指中山名人既有层次性、地域性、阶段性，又具有多样性、复杂性。从阶级属性来看，中山名人有的是买办和买办商人，属于资产阶级人士；也有的是无产阶级和民主革命队伍中的杰出代表；还有的是知识界和文艺界的精英人物。从职业特性来看，他们中有政治家、外交家、思想家、企业家、教育家、艺术家等。近代中山人在中国社会各阶层各领域均有出色的表现，他们不仅为中国历史文化的发展做出了突出的贡献，而且也为中山文化增辉添彩。正因为中山名人在众多领域名冠中华，誉满全球，所以中山名人文化也格外色彩斑斓。孙中山的《三民主义》《建国方略》，郑观应的《盛世危言》，容闳的《西学东渐记》，唐廷枢的《英语集全》，徐润的《上海杂记》，苏曼殊（1884~1918）的诗文书画，郑君里的电影，阮玲玉的表演，刘师复的无政府主义思想，王云五发明的"四角号码检字法"及主编的《百科小丛书》《万有书库》，萧友梅的音乐理论，吕文成的广东乐曲，卢施福（1898~1983）和郑景康（1904~1978）的摄影，张慧冲（1898~1962）的魔术，方人定的绘画，方成的漫画，黄苗子的书法，阮章竞的诗歌，卢天骄（1938~）的邮票设计，钟荣光的教育思想，杨匏安的马列主义宣传，等等，无疑是中国近现代历史文化发展的见证，亦是中国近代文化的瑰宝，更是中山文化的精华。酸子树、北极殿、冯氏宗祠、孙中山故居、中山城、纪念中学、孙中山纪念公园、孙中山纪念堂，以及以孙中山名字或思想主张命名的街、道、园、楼、学校等，是中山名人文化最厚重的体现；马公纪念堂、沛勋堂、沙涌幼稚园、竹秀园学校、周崧学校、侨立医院、中山海外同志社、下泽小学、岗背小学等，是中山华侨名人文化的结晶；轮船招商局、开平矿务局、上海机器织布局、大同书局、仁和水险公司等，是中山人从买办到实业家的历史见证。所有这些，都生动具体地体现了中山名人文化的多样性和复杂性。

总之,伟人故里,风光无限;名人文化,魅力无穷;文化中山,任重道远。众所周知,文化的主体是人,文化产业的主体同样是人。中山城市文化的繁荣和发展,需要中山地区文化精英和社会名流的积极创建与推进,需要他们对普通大众价值取向的引导和凝练。中山曾以独特的社会文化氛围孕育了群星荟萃的社会精英,而这些社会精英又以自己特有的人格魅力影响和塑造了香山文化,孕育和催生了独具一格的香山人文风貌。从香山县到中山县,再到中山市,八百余年来虽饱经风雨,历尽沧桑,但中山因伟人而兴,因名人而旺。当今城市之间的竞争,实质上就是人才的竞争。因此,弘扬中山名人文化,培育更多当代文化精英,使中山不仅是伟人的故里,更是名人文化之乡,必然成为未来中山人民共同努力前进的方向。

五　敢为人先的精神

中山是移民构成的社会，也是文化多元的城市。移民敢于冒险、勇于开拓、不断进取的精神，在文化多元、思想活跃而又相对开放的社会里，很容易找到能量释放和自我价值实现的机会。尤其是在近代中国，中外交往日趋频繁、经济全球化日益加强，对于地邻港澳的中山来说，可谓千载难逢的机会。中山因处澳门、香港、广州环绕包围之中，不仅早浴西方近代文明之风，而且率先从中国走向世界。这里不仅涌现了大批开中国近代风气之先的杰出人物，而且还是近代中国思想解放和文化启蒙的摇篮。

1 孙中山的民族复兴梦

在中国近代史上，孙中山（1866～1925）是一位里程碑式的伟大人物。中国是一个帝制根深蒂固的国家，又是一个历史悠久的文明古国。两千多年的封建专制制度是在孙中山的倡导和推动下，土崩瓦解、退出历史舞台的；而民主政制已成为近代中国社会广泛认同的政治发展方向。农耕文明的中国，自给自足的农村经济和儒、释、道此消彼长而又相互融合的传统文化，以及宗法一体化的保守社会，在以孙中山为首的革命者和一大批先进中国人的共同奋斗下，脱胎换骨，逐步走向民主、法制、平等、文明的现代社会。因此，孙中山不仅被誉为中华民族的英雄，而且被公认为20世纪中国的三大伟人之一，是中国民主革命的先行者、中国近代化最伟大的先驱。

孙中山受革命者的拥戴、人民群众的敬仰和历史研究者的重视，既与他首倡的"振兴中华"的理想和"天下为公"的情怀有关，又与他敢为人先的精神和愈挫愈奋的意志分不开。19世纪90年代，在举国沉浸于维新变法、改良帝制的时候，孙中山第一个举起民主革命的大旗，不屈不挠地组织武装起义，不怕孤立，不畏失败，一往无前，成为不折不扣的革命者。孙中山又是在近代中国内忧外患、国运式微的形势下，第一个提出"振兴中华"口号的人。他主张五族共和，推进民族融合、民族平等、民族凝聚和民族振兴，从政治、经济和文化上实现中华民族多元一体化。孙中山还是第一个全面提出资产阶级民主革命理论和政纲的思想家、政治家。他系统描绘中国近代化宏伟蓝图。他比同时代的革命者，都站得高看得远，善于团结人，勇于改正错误，随时代而不断前进。从《上李鸿章书》时的改良主义思想倾向，到联俄联共、扶助农工的新三民主义主张，孙中山数十年间在中国这样一个半殖民地半封建的社会里，始终享有崇高威望，这就足以表明他是一个大公无私、与时俱进的杰出人物。

　　孙中山受海内外中华儿女的崇敬和爱戴，不仅在于他推翻帝制，建立民主共和的千秋伟业；也不仅在于他的功成身退的大公无私情怀及坚韧不拔的救国救民救世的志气、不偏不倚的见地；还在于他敢想、敢说和敢干的敢为人先的精神和他勇于怀疑、善于思考、敢于创新、与时俱进的品格。在皇权至上、清王朝统治天经地义的时代，"造反"意味着犯罪杀头，意味着株连九族，但是孙中山于1894年11月24日在檀香山率先成立反抗清王朝专制统治的兴中会，明确提出了"驱除鞑虏、恢复中华，创立合众政府"的革命口号，并于1895年在广州发动武装起义，公开挑战皇权和朝廷，无疑是拿生命冒险的活动。事实证明，这次广州起义的失败，使孙中山领导的兴中会付出了惨痛的代价，陆皓东（1868～1895）等多位参与起义的兴中会会员命丧于屠刀之下，孙中山也不得不远走他乡，从此流亡海外。他的家人也因他的革命之举而失去了安稳的家园。但是，出师不利的孙中山，并没有因初次挫折而就此停步，而是更加坚定其革命"排满"、追求民主共和的信念和决心。从1895年广州起义失败，到1911年10月武昌起义成功，孙中山遭遇清王朝的通缉追捕和跟踪暗杀，饱受东西方列强的冷遇和排斥，亲历革命阵营中的意见分歧和矛盾冲突，承受筹款一无所获时的焦虑和主义不被认同时的愤懑，但这些都没有改变他的理想、动摇他的信念、消磨他的锐气、阻挡他的步伐，相反地使他愈挫愈奋，屡败屡战，终于获得了成功，应验了"有志者事竟成"这句古话。可以说，在革命和"排满"这两个问题上，敢想、敢说、敢干、敢为人先的精神,既是孙中山个人品格的体现,也是中山人精神的写照。

如果说在辛亥革命时期敢想、敢说、敢干的精神,主要体现在孙中山率先举起"反满"的大旗,敢于公开否定皇权、挑战朝廷,进行民主革命的话,那么辛亥革命胜利后,他的敢为人先的精神,则主要见之于他的《孙文学说》《实业计划》《民权初步》《三民主义演讲》及《中国国民党第一次全国代表大会宣言》等一系列论著和演说之中。在这些论著和演讲里,孙中山"内审中国之情势,外察世界之潮流",兼收众长,在传承和借鉴中大胆创新,首次全面而系统地提出了新的经济建设模式和宏伟的经济建设蓝图,为解决经济发展问题提供了崭新的思路和对策,具体表现为五个方面。一是认为在经济主权独立下的开放主义,是实现经济赶超战略的必由之路;二是主张建立以国有经济为主导的多种经济所有制并存的经济结构;三是提出了产业经济与区域经济协调发展的基本原则;四是呼吁国家积极干预经济,为经济近代化的实现创造良好的环境;五是大力推动中国社会经济一体化发展。这五个方面的振兴实业、发展经济、改善民生的思想和对策,在当时可谓惊世骇俗,振聋发聩,成为当时思想理论界的先声,也成为那些思想过于实际的人所不能理解和恶意攻击的把柄。在那些思想保守而又非常实际的中国人的眼里,孙中山的《实业计划》根本不是什么"建国方略",而是不切实际、不合国情的痴人说梦。什么"开放主义",什么"100万英里公路""10万英里铁路",什么"北方大港""东方大港""南方大港"的建港造船计划,统统都是不切实际的痴心妄想。但是,近一个世纪后的今天,我们对照当今经济社会发展的客观事实,重温孙中山的思想主张时,不免惊叹孙中山的远见卓识。

在19世纪末20世纪初的中国,孙中山可谓是少有的能够熟悉中西文化的实践者和革命者,也是唯一可以与东西方文化直接对话的思想家和革命家。他曾经接受过中国传统文化的熏陶,也经受过欧美文化的系统训练,像放弃"医人"转入"医国"一样,他从来就不愿做现成文化的奴隶,而是努力争当文化创新的旗手。他曾自我解剖道:"余之谋中国革命,所持之主义,有因袭吾国固有之思想者,有规抚欧洲之学说事迹者,有吾独见而创获者。"孙中山欣赏英国的宪政,仰慕美国的民主,认同法国的自由、民主、平等。但是他也清醒地察觉到,在那些堂皇的自由民主政策之下,社会上仍普遍存在严重的不公正现象。因此,在召开国民党第一次全国代表大会之时,他结合中国传统思想文化和社会现实,进一步阐述了共和政体的基本框架和实施途径,提出了行政、立法、司法、考试、监察五权分立而又相互制衡的"五权宪法",强调了权能分治和革命程序的价值与意义,并整理其演讲稿,写成《三民主义》,充分汲取了资本主义民主制度、社会主义制度及共产主义精神,作为救国建国的蓝本。

从《三民主义》的文本里,我们不难看出孙中山的创新智慧和勇气。在《三民主义》酝酿阶段,世界经历了巨大的转变。第一次世界大战后,在华的西欧列强势力减弱,新兴的日本帝国主义却乘机侵华;1917年俄国十月革命的成功,给中国送来了马克思列宁主义，1919 年爆发的五四运动，把中国推入与新思想交锋的历史时期；1918 年美国总统威尔逊提出《十四条和平原则》，提倡"民族自决"，鼓吹反殖民地体制的民族解放运动。与此同时，国内革命形势云谲波诡。辛亥革命后，袁世凯称帝和北洋军阀割据，使得孙中山领导的护国和护法革命运动受挫。在这种刀光剑影、错综复杂、瞬息万变的背景影响下，孙中山真切地体会到救国和兴国最重要的工作就在于唤起民众和发展国民经济。在近一个世纪后的今天，我们仍能深切地感受到孙中山对当时国情的观察与思考具有前瞻性和科学性。

孙中山是一位智商和情商极高的人。作为一位智者，他不仅较早地洞察到世界文明进步的趋势、中华民族面临的生存威胁及未来中国发展和振兴的潜在机遇，准确而有力地抓住了近代中国"富强"和"民主"两大时代主题，明确提出了民族、民权、民生三民主义思想主张，为中华民族的伟大复兴指明了方向，规划了蓝图。作为一位仁者，孙中山是一位真诚的爱国者和人道主义者。从"医人"到"医国"的转变，孙中山要实现的是他"救国、救世、救人"的伟大抱负，要表达的是他天下为公的博爱情怀。在他看来，既要实行个体的人道主义的救助，也要实现国家的长治久安、民族合作及世界的和平稳定。在阐述实行民权主义意义时，孙中山就深思熟虑地指出，一则为顺应世界之潮流，二则为缩短国内之战争，因为自古以来，有大志之人多想做皇帝，如果大家不明白什么是民权，那么想做皇帝的心理便永远不能消失，大家若是有了想做皇帝的心理，一来同志就要打同志，二来本国人更要打本国人。全国长年相争相打，人民的祸害便没有止境，因此必须树立民权，"用人民来做皇帝"，这样"便可能减少中国人的战祸"。辛亥革命后，为了国计民生，孙中山迫切地希望节制资本、平均地权、发展实业，解决民众的衣、食、住、行等基本生活问题，使他们从根本上摆脱贫困，使社会实现公平公正，同享安乐幸福。他说："实业陆续发达，收益日多，则教育、养老、救灾、治疗，及夫改良社会，励进文明，皆由实业发展之利益举办。"对发展实业与民生二者相互关系的重视，表明孙中山不是口头上或道义上的爱民救民者，而是处处为民、利民、造福于民的思想者和实践者。

在近代中国，无论孙中山主张用暴力手段推翻专制统治，结束专制制度，建立民主共和国的革命，还是用思想革命的办法改造国民性，发展教育，培养人才，振兴实业，实现中国社会文明进步，都是他人生理想的体现，都是他民族复兴梦想的凝聚，都是他敢为人先精神的焕发，都是他超人智慧的结晶。"问渠那得清如许，为有源头活水来。"孙中山不是与生俱来的反叛者和革命家，也并非无根无源的思想家和先驱者。香山文化是他思想的源泉和实践的动力，他又以博大精深的思想、天下为公的气魄、济世为民的情怀和敢为人先的精神，以及屡败屡战的毅力，丰富和发展了香山文化。

2 香山商帮的全球视野

香山向来就有重商尚实的传统，在古代一直是海上丝绸之路的重要驿站,明清时期又是中西商贸的唯一枢纽。但香山商帮的形成,与这些历史和文化的优势似乎没有直接的关系,倒是1842年中英《南京条约》签订后,五口通商和中外贸易合法化和常态化开展后的一系列涉外活动,从根本上催生了香山商帮的诞生。与晋商、徽商、闽商、宁波商、龙游商、洞庭商、鲁商、江右商、陕商,以及笼统而言的粤商相比,香山商帮形成的时间较晚,形成的过程在时空上跨度较大,经营的范围和网络分布也过于宽泛和零散,在过去和当今的学界一直没有受到应有的重视,但他们在其时的商界和社会曾起着不可磨灭的作用。

商业、商人,在古代中国一直得不到社会的承认和朝廷政策的保护,但诚如司马迁所言:"天下熙熙,皆为利来;天下攘攘,皆为利往。"利益的驱动成就了商人,也造就了商业。商人和商业真正受到社会各界的尊重和认同,得到国家政策的扶持和保护,严格说来,还是肇始于鸦片战争以来的近代中国。同样,香山商帮虽然孕育于明清时的海陆之间和区域内部的商贸往来之间,诞生于大航海时代的中外贸易活动之中,成长于经济全球化特别是近代以来的中外经济日趋一体化的历史变革之时。

鸦片战争后,五口通商,香山失去依托澳门独家做大的区位和政策优势,但中外通商条约的签订、外商的强行闯入和清政府的被迫对外开放,给海洋味十足和商业气过重的香山带来的不仅是亘古未有的挑战,而且是千载难逢的机遇。机敏灵动而又敢于冒险且半通夷语的香山人,很快成为五口通商口岸洋行里的第一批买办商人。又因为香山是以家族移民为特征的文化多元的社会，家族和同乡的混合力量，促使香山人抱团打天下、结帮闯商海，在陆续开放的中国通商口岸城市殚精竭虑地建立自己的商业网络，不断开拓创新地打造自己的"商业王国"，于经济全球化的大潮中勇立潮头，先后形成了唐、徐、莫、郑等买办世家和先施、永安、新新、大新四大百货公司的侨商网络，在19世纪末和20世纪上半叶的中国工商领域，可谓独树一帜，成为粤商中的一支劲旅。

在香山商帮内，香山买办也许最受中外人士的关注，但也最遭人们的冷眼和嘲讽。在众多的评说者中，美国汉学家费正清对近代中国的买办商人和香山买办，曾有过比较客观的评价，他说："他们根据契约受雇，掌握洋行与中国商人业务往来中中国方面的事务，包括收集商业情报，进行买卖，所有这些将其训练成通商口岸保护下成长起来的新型中国实业阶级中的近代企业家。因此，中国人从一开始就参与了在中华帝国沿海边缘初具规模的现代国际贸易经济。"其实，在这个国际贸易经济活动或经济全球化的浪潮中，香山买办商人的作用并不仅仅局限于国际贸易，他们集现代工商业于一体，在东西方的文化、语言、制度等之间架起了一座座互通的桥梁。以唐廷枢（1832～1892）、徐润（1838～1911）、莫仕扬（1820～1879）、郑观应（1842～1922）等为代表的香山买办，在近代中西文化碰撞中，率先以一种开放包容的态度，冒着被中国传统、保守的社会抛弃的危险，相继进入为中国人所深恶痛绝的洋行，充当了外商与中国商人甚至外国政府与中国政府之间的中介，成为相对独立的现代商人。

香山买办与江浙沪等地的买办商人相比，具有以下几个特点。

第一个特点是他们的专业性、地域性、家族性和涉外性更加明显。香山买办大多精通英语，熟悉中外商贸业务，了解中国商场上的陈规陋习，摸清了中国官场里的潜规则和老套路，在传统的茶叶和生丝贸易甚至在鸦片走私等方面的经验丰富，有较强的敬业乐业精神和诚实守信品格，有接近官场的特殊本领。对香山买办颇有研究的美国学者费正清就曾指出：唐廷枢是最著名的买办之一，像最早的买办一样，他来自广州三角洲，在接受了传教士提供的英语教育以后，他担任了香港政府的翻译，随后又在上海任海关职员，1863年成为上海怡和洋行的买办。他的例子很典型，他捐买了功名，跻身于官僚阶级，同时又成为通商口岸的资本主义企业的投资者。

其实，唐廷枢只是香山买办中的一个代表，在他前后有吴健彰（1791～1866）、徐荣村（1822～?）、容闳（1828～1912）、莫仕扬、徐润、郑观应等一大批香山人，他们都在不同程度上学会了英语和中外商贸业务，在同乡和族亲洋行买办的保荐下，接踵而至地充当了洋行的买办。可贵的是，他们并不满足于中介人或洋行经纪人的角色，他们希望在帮助洋人实现高额商业利润的同时，也能为自己带来丰硕的成果。

最有意思的是，他们仍然保持着乡土社会的地缘和血缘关系，有意识地在中外商贸新领域内培养自己的嫡系部队，热心地成全自己的乡亲，不遗余力地构建自己的商业网络，打造自己的帮派体系。以唐廷枢为中心的香山唐家村唐氏家族，就有不少人相继成为英国怡和洋行中的骨干。以徐润为核心的香山北岭村徐氏家族，几代人都与洋商打交道，自然而然地受到宝顺洋行的青睐。以莫仕扬为中心的香山会同村莫氏家族，在英商太古洋行中，几代人一直备受洋行大班的器重。以郑观应为中心的香山雍陌村郑氏家族，同样是太古等几家大洋行老板的红人。这种家族集体在买办职业上的选择与传承，显然有利于经验的积累和人才的培养，也有利于财富的聚敛和势力的扩张。香山买办大多术业有专攻，各有所长，而且忠于职守，精明能干，深受洋行、洋商的信任和重用。因此，他们在新辟的通商口岸比江浙买办更加如鱼得水，左右逢源。

但是，他们远离家乡，在一个陌生的地方进入一个崭新的领域，需要的不仅仅是职业培训和人生规划，还须有子承父业的职业继承和依血缘、地缘关系的人脉拓展。离开母体文化的支持，割断自己身上的传统社会关系，就等于自绝于社会。因此，香山人到通商口岸的洋行做买办时，也像当年他们的祖上从内地进行家族集体迁徙那样，相互介绍、相互担保、相互提携、携手共进，成为当时通商口岸洋行里最受信任和重用，也最有实力最有影响力的一批买办。唐廷枢兄弟为了同胞能尽快进入洋行做事，方便他们与外商沟通，甚至不惜代价为他们编辑出版了《英语集全》，帮助他们快速学好英语。郑观应为了给同乡担保进入洋行谋求一个职位，甚至不惜代人受过和代人付债。当然，他们这样做的时候，既帮助了他人，也壮大了自己的声势。可以说，他们具有中国传统社会里的工商业者所不曾有的远见卓识和云水襟怀。

第二个特点是他们的危机意识、家国情怀和国际视野。他们在为洋行做事,或与中外商人打交道的过程中,就敏感地意识到中国即将到来的危机。在许多人口诛笔伐西方列强对中国的军事挑衅和武装侵略的时候,他们已经清楚地看到"兵战"不如"商战",君主专制不如君民共主。郑观应就认为"兵战"是有形之战,容易察觉,"商战"是无形之战,其造成的祸害比"兵战"更严重更危险;认为西方"借商以强兵,借兵以卫商","以商为战,士农工为商助也,公使为商遣也,领事为商立也,兵船为商置也。国家不惜巨资备加保护商务者,非但有益民生,且能为国拓土开疆也"。他反复强调"商握四民之纲领",要求朝廷像重视军事一样重视商务,明确提出了"振兴商务"的口号,并建议成立商会,扩大商权。在郑观应看来,"商之懋迁有无,平物价,济急需,有益于民,有利于国,与士、农、工相表里,士无商则格致不宏,农无商则种植之类不广,工无商则制造之物不能销,是商贾具生财之道而握四民之纲领也"。因此,他认为"商之义大矣哉!"

可贵的是,郑观应不是在商言商的那种狭隘的本位主义者,他是站在国家民族的利权角度来观察和思考问题的。正因为如此,他先后撰写的《救时揭要》《易言》和《盛世危言》,一直受到社会有心人士的关注和朝野上下的重视。香山买办商人熟悉中国又了解世界,因此,他们比一般人多了一些忧患,少了一点糊涂;多了一些焦虑,少了一点胆怯。郑观应的《救时揭要》《易言》和《盛世危言》,就敢于抨击时弊和放胆直言,就敢于倡导新风改革朝政。他的《盛世危言》,不是简单直白的呐喊，而是深沉悲愤的呼号。他想人们未曾想到之事，言人们未敢言之理。他那激越高昂、振聋发聩的民族自强之声，惊醒了沉睡的中国人，唤起了千千万万的爱国者，影响了康有为、梁启超、孙中山和毛泽东等几代的中国人。1936年，毛泽东在接受西方记者史沫特莱采访时，就特别提到郑观应的这本《盛世危言》对他参加革命产生了重要的影响。

第三个特点是他们率先响应清政府开展洋务运动的号召，积极投身于中国早期工业化的建设热潮之中。在国家民族利益与个人利益发生冲突时，他们首先选择了前者而不是后者，这无论是在当时还是在今天，都属难能可贵之举。通常，人们总以为买办是洋奴，是外国人的走狗，是卖国贼，是汉奸，是外国人侵略、盘剥中国人的帮凶。因此，无论是官方还是民间，往往对他们进行批判或人身攻击，把他们说得一无是处。诚然，买办商人中的确有不少助纣为虐的民族败类，也有唯利是图的卑鄙小人，但他们中也有像香山买办唐廷枢、徐润、郑观应这样的爱国者，不能一概而论。总之，买办在当时是一种职业，是早期中西贸易和文化交流中不可缺少的中介。没有他们的参与，外国的工业产品进不来，中国的商品货物出不去，文化交流难以顺利开展，中国人的思想观念和行为方式也就难以改变。

翻开近代中国经济史，我们也许更能清楚地了解到香山买办在中国近代经济社会发展和早期工业化中的地位和作用。可以说，他们是中国近代工业化的先驱者。

买办商人起家的唐廷枢，一生留下了许多"中国第一"。

他使中国第一家轮船招商局扭亏为赢,成功地兼并了美商旗昌轮船公司,而且还敢与外国太古、怡和轮船公司展开市场竞争。他主持修建了中国第一条国产铁路,制造了第一个火车机车头,创办了第一个水泥厂,开办了第一家由中国人主办的保险公司,编纂了中国人学习英语的第一本教科书《英语集全》,创建了上海历史上第一家医院,并成功地创办了中国大型机械采矿业——开滦煤矿。他的一生与上海和唐山这两座迅速崛起的城市结下了不解之缘,也与中国近代化的起步和发展紧密地联系在一起。

徐润和郑观应等香山买办,同样是中国近代工业化的重要参与者和推动者。徐润曾是轮船招商局的重要投资者和经营管理者,协助唐廷枢成功地制订了轮船招商局的管理制度和经营策略,有效地解决了资金问题和各种人事纠纷。除了与唐廷枢合作创办保险公司、医院和学校外,他还出色地完成了中国第一批官派留美幼童的选送任务。他自己还创办了同文书局,印刷文史书籍,保存和传播中国传统文化,并积极投资房地产业,成为当时有名的"地产大王"。在上海等城市空间的拓展和人居环境的改造方面,徐润实际上起到了规划设计、突破传统城市格局、引领消费时尚的积极作用。郑观应一生三进三出轮船招商局,还奉命参与了上海机器织布局、上海电报局、开平煤矿、汉阳铁厂等的创办和经营管理,其出色的才干和敬业的精神,深受李鸿章、盛宣怀的器重,也得到工商各界的认可。

但是,香山买办毕竟是特定时代的产物,他们自身的局限性,也是难以避免的。商人的投机性和功利性,在他们身上也时隐时现。徐润挪用公款炒地买楼,就是借公肥私的利己表现。但是,在近代中国大是大非面前,他们并没有利令智昏,也没有唯利是图,而是毫不犹豫地舍弃洋行丰厚的待遇和闲逸的生活,义无反顾地投身于中国早期的工业化建设,成为洋务运动的中坚力量。因为,他们是那个时代最了解西方、最具有世界眼光的中国人,也是最有经济实力和消费能力的新型工商业者;他们不仅是中国从传统走向近代的推动者,而且也是新时代的带头人。一位对19世纪中国买办颇有研究的美国学者郝延平先生就充分肯定地说:

> 买办成为一种新型的商人,他们活动于中国和西方之间,在近代中国起到了突出的战略性的重要作用。从经济上说,暴发户买办是唯一把财富与专长集于一身的人,因而成为中国早期工业化的带头力量之一。他们在社会政治方面的角色属于商业绅士,并充当了条约口岸的社会贤达。从文化思想方面说,支撑新式企业的基础是新的思想和看法,所以当他们成为新思想的倡导者的时候,结果也就成为某些中国传统的价值观念的挑战者。他们对西方反应是基于他们对中华帝国之外的世界的理解。这不是因为他们较少喜欢中国的传统,而只是他们更了解西方。
>
> 他们既受不同文化的影响,又反过来对不同的文化施加影响。他们在本质上是中西文化交融和混合于一身的文化混血儿。

郝延平先生的这一番评价虽然是针对19世纪的中国买办而言的,但用在香山买办身上,似乎更加恰如其分。因为,香山买办是19世纪中国买办商人的典型代表,也是郝延平研究的主要对象。大量的历史事实表明,香山买办在中国近代社会转型时期,超越了自己的功利,也超越了他们所处的时代局限。

19世纪香山买办在事业上的成功,也激发了他们香山同乡的创业精神和从商的热情。在山海交融的自然环境里成长起来的香山人,习惯于在商海中搏击。这些具有世界眼光、危机意识及竞争精神的香山买办群体的兴起,唤起了香山华侨的商业意识和创业热情。1900年,正值八国联军入侵中国华北地区,中华民族面临空前危机之时,在澳洲"淘金"的香山沙涌华侨马应彪(1864~1944),联络在澳洲谋生的蔡兴、马永灿、郭标、司徒伯长、马祖容等几位香山华侨,携资回国,在香港创办了第一家百货公司——先施公司,经营环球百货,始创不二价。开业不久,又继续扩大业务经营范围和公司规模,创办公司分支机构和工厂,实行生产、销售和经营服务一条龙。后来,他们又将生意扩展到上海,成为上海南京路上第一家民族百货公司,加速了近代中国的商业革命。在马应彪的带动下,香山华侨又先后创办了永安公司、新新公司和大新公司。这些从澳洲归来的香山侨商,在20世纪的中国新兴城市,尤其是在广州、上海等地,迅速推动了一场声势浩大且影响深远的商业文化大变革。香山人的世界眼光、协作意识、竞争理念和创新精神,在这些从海外归来的香山侨商身上发挥得淋漓尽致。

19世纪的香山买办和20世纪的香山侨商,也就是在这一世纪交替的社会大变革年代,以香山人特有的开放兼容胸怀、团结互助意识、公平竞争理念、契约伦理特性和务实创新精神,在尔虞我诈的商场中异军突起,自成一体,形成了一个颇有香山文化意味而又充满时代特色的商人群体——香山商帮。

什么是商帮?张海鹏、张海瀛先生在他们主编的《中国十大商帮》中给商帮所下的定义是:"商帮,是以地域为中心,以血缘、乡谊为纽带,以'相亲相辅'为宗旨,以会馆、公所为其异乡的联络、计议的一种既'亲密'而又松散的自发形成的商人群体。商帮的出现,标志着我国封建商品经济发展到了最后阶段。"梁小民先生则认为:"商帮是明清两代以地域为纽带的封建商业联盟。"在他看来,商帮是明清两代特有的现象,清亡后,原来意义上的商帮已不存在。而明清时期的商帮主要是从事商品交易,并没有进入加工制造业领域。各商帮的经营模式与封建制度有关,且大多是官商结合。不过各商帮的经营模式也体现出儒家文化的特色。商帮的目的就是通过正式或非正式的组织联系来实现共存共荣。其作用主要是,规范帮内各商人的行为,制止相互之间的恶意竞争,并实现相互帮助,共同发展。对外则是利用集团的力量,为本帮的经商创造一个有利的环境。在明清两代,公认的十大商帮是晋商帮、徽商帮、粤商帮、闽商帮、宁波商帮、龙游商帮、洞庭商帮、鲁商帮、江右商帮和陕商帮。各商帮作为中国封建社会中的商人群体,有其不同于国外商人组织的共同特点。但是,各个商帮在经营范围、制度规范、文化性格等方面，又各自具有鲜明的特征。这些特征与各地的地域文化和历史传统相关，体现出中国传统商业文化的差异性。

香山商帮虽然形成较晚，但它是粤商中重要的商人群体，它的产生、形成、发展，是明清以来，特别是鸦片战争以来中西商贸活动不断加强和中国早期工商业近代化不断推进的必然结果。香山商帮的形成并非一蹴而就，而是经过了漫长的历史演变和文化传承。香山商人特别是香山侨商参与近代化的工商企业的创办和经营，相继创办四大百货公司，形成具有行业影响力的香山商帮。其后人曾感慨地说："香山邑人，如沙涌、恒美、竹秀园、曹边等村民，多富进取雄心及冒险精神，叔伯兄弟，互相提携，乡党邻里，扶助指引……无形之中，结合而成一股'患难相依'之合作精神及'水乳交融'之团结力量。四大公司之创立，乃由此而发轫而长成。"

香山的地缘优势和人际关系效应，使香山商帮一开始就与徽商帮、晋商帮、洞庭商帮等大的商帮有着较明显的区别。晋商帮和徽商帮早期都是以盐业为主业，依靠官商结合而取得成功的。宁波商帮是从小贩、学徒起家，洞庭商帮是从事金融业发展中壮大。与晋商和徽商等商帮以传统消费社会为依托不同，香山商帮的经济社会基础主要是新兴的消费群体和多元的服务对象。晋商与徽商虽然也与外国商人有过较多的接触，生意也做到俄罗斯、日本，但主要还是依托于中国的农耕社会，交换的大多是茶叶、盐和农副产品。香山商人面临的情况却大不相同，他们既要了解西方各国的历史文化、语言文字、商业习惯和交换方式，又要熟悉中国的市场和官场，专业方面的训练和社会关系网络的构建要求更高，不是什么人都可以进入这个行业的。最明显的特征就是，语言方面的训练和国际贸易知识的掌握。对每一个涉足外贸领域的香山人来说，这是一个至关重要的前提。早期的香山买办和20世纪的香山侨商，都有与外国人打交道的经验和本领。以唐廷枢、徐润、郑观应、莫仕扬为代表的香山买办，都有很好的英语基础，能熟练地运用英语与洋人沟通。唐廷枢兄弟的英语，说得甚至比英国人还地道，还顺溜。以马应彪、郭乐（1872~1956）、蔡昌（1877~1953）和李敏周（1881~1935）等为代表的香山侨商，同样有在海外长期生活的经历，不仅了解西方人的商业习惯和经营管理之道，而且对英语的学习也比较重视，马应彪等香山侨商大多能用英语与西方人交流。没有语言方面的障碍和世界商贸知识的欠缺，香山商帮一开始就具有全球性和超前性，他们在与中外商人和顾客打交道时，能够得心应手，左右逢源，丝毫没有陌生感、畏惧感和自卑感。

香山商帮给人的另一印象是与时俱进，具有极强的适应能力和开拓创新精神。晋商帮和徽商帮曾叱咤风云于大清王朝由盛转衰的时代。明清时期，晋商帮以经营票号闻名天下，徽商帮同样以经营茶叶、陶瓷、丝绸，控制盐务和漕运为特点。他们都依靠宗族，垄断经营，执商界之牛耳。而洞庭商帮，以行商居多，主要从事长途贩运，行走于江淮之间。可惜的是晋商帮和徽商帮进入近代后，未能与时俱进，及时地调整自己的经营方略，主动地参与国际经济竞争，结果在大浪淘沙中退出历史舞台。只有洞庭商帮能因地制宜、审时度势、把握时机，实现了局部的近代转型，成为近代中国商界的佼佼者。

香山商帮虽然形成较晚，但从其产生、形成和经营方式、方法等方面看，它又和洞庭商帮有许多相似之处。他们不仅因时而变，根据国际国内市场的供求关系变化，不断地调整自己的经营范围、经营策略、经营方式，以便适应时代的要求，确保自己的优势地位，而且能取人之长补己之短，在融会贯通中追求创新，形成自己的经营特色和商帮个性。19世纪的香山买办商人，在中外商人的夹缝中求生求存，在商帮和官场的互动中谋发展保发展，可谓庖丁解牛、游刃有余。在资本的原始积累时期，他们依靠洋行洋商的保护和提供的便利，快速地敛集了巨大的财富，积累了足够的资本，成为通商口岸最富有的人。在工业资本和金融资本快速扩张、社会急剧变化的年代，他们又捷足先登，摇身一变，成为洋务企业里的掌舵人、官僚政客的座上宾。20世纪初的香山侨商，在万商云集的香港、广州和上海，经营环球百货，与中外商人同台竞技、争夺市场，也不是一件容易的事情。他们大胆地借鉴外国的百货经营的管理经验，在经营形式、经营方法和经营理念上，不断推陈出新，不仅先声夺人，而且后发制人，在大上海演绎了一个又一个商业传奇。先施公司首创不二价，提倡明码实价，销售环球百货，率先使用女售货员，实行礼拜天休息制和立体化多样化经营，在当时可谓开风气之先。永安公司参照先施公司的做法，采取多种经营，实现集团化、一体化发展，可谓后来居上。新新公司在新都饭店的六楼，设置舞厅和玻璃电台，安装冷气设备，开创了音乐夜总会和中国商业电台的先河。大新公司在上海一开业就出手不凡,在商业大楼里第一个设自动电梯,为顾客提供方便快捷的现代化服务,中外顾客蜂拥而至。"到大新乘电梯去",曾一度成为上海人的口头禅和交际语。大新公司因此在光怪陆离、色彩斑斓的大上海出足了风头,夺得了商机。

20世纪二三十年代初,在上海的南京路上,由中山人创办的先施、永安、新新、大新四大百货公司,在经营管理和商品营销方面,各出奇招,相互展开竞争,彼此学习模仿,不断在理念、方式、方法上开拓创新,有力地推动了中国近代百货业和商业文化的繁荣与发展。后人在撰写《上海风物志》时,仍念念不忘当年先施公司首创民族百货业之功,特意浓墨重彩地加以记述:

老上海应还记得,南京路上开始出现霓虹灯广告时,先施楼顶就装上了斗大的"先施"两个字,下面还有两个不住眨眼标示电气公司的塔形灯管。每晚霓虹灯闪亮,无疑大大宣传了"先施"的名声。那时候,先施公司的屋顶花园和游艺场早已闻名远近,提起来是无人不晓的。屋顶花园和游艺场成了先施公司的象征,也成了当时上海人文化生活的理想之地,甚至成为官、绅、商和文人雅士社会交往的重要平台。

香山商帮不像宁波商帮那样,从行商坐贾的小本经营开始起步,生意遍及繁华的城市和偏远的乡村,甚至发展到邻近的国家和地区；也没有像晋商帮和徽商帮那样，在明清时期就成帮成团，声势浩大，动不动就左右朝政和干涉地方事务。他们当中无论是早期的买办，还是后来的侨商，似乎都缺乏北方晋商的豪气、坚韧、顽强，也没有江南徽商那样精细、执着、灵巧和儒雅。相比之下，他们身上少了泥土的质朴而多了海水洋风的味道。19世纪的香山买办商人，主要寄生于洋行洋商，无论他们怎样试图清洗身上的"腥味"，也难以打扮成中国传统商人的模样。20世纪的香山侨商，同样无论怎样为自己的公司、企业和自身进行中国化的包装，都难以抹掉身上的"侨"和"洋"的痕迹。他们的经营理念、思维方式、营销手段、整体运作的风格以及出售的商品等，与晋商帮、徽商帮和其他的商帮，都有比较明显的区别。而且他们主要活动领域在城市而不在农村，服务对象主要在上层社会而不是社会底层的草根小民。"洋味"十足可能就是香山商帮最耐人寻味的地方。

3 文化名家的推陈出新

中山建县的历史不算久远，文化的积淀也远非厚重。在鸦片战争前的漫长岁月里，这里因四面环海，交通很不方便，如明代邓迁所言："内周邑井，外接岛夷。四顾汪洋迥千里，而孤问者阔焉。其士民错居险阻，思奢俭之中，勤耕织之务，能知其所为已。盖自昔为然。"大海虽胸怀广阔，内涵丰富，开放灵动，给人机会也暗藏杀机。对于科学技术尚不发达、生产力还很落后的古代中山人来说，生存尚且不易，才智自难发挥。在温饱问题还没有得到基本保障的情况下，人才培养和文化创造又从何谈起？

宋代香山立县后，历任县官并非毫无作为。他们在力所能及的前提下，也有意在文化教育上做一些基础性的工作，如建学宫、办学校、兴教育、授知识、育人才，为文化的发展和人才的成长，营造了良好的人文环境。据不完全统计，宋代香山科举名列进士者4名、举人2名、乡贡8名、荐辟5名。元代的王朝统治虽然短暂，但同样由科举考试而获乡举的3人、乡贡4人、荐辟18人。明代香山还是地少人穷的岛县，但土地面积比过去扩大了，户籍人口也有所增加，大片沙田得到有效开发，尤其是中外通商，改善了民生，推动了社会的文明进步，为人才的成长提供了较为肥沃的土壤。从洪武七年（1374年）到隆武元年（1645年）香山科举名列进士13人、武进士3人、举人101人、武举人21人、贡生和监生277人。其中黄瑜、黄畿、黄佐祖孙三代在当时朝野上下颇为闻名，有岭南"文献之家"的美誉。黄瑜世称"双槐先生"，曾任福建长乐知县。黄畿勤于著述，有"粤洲先生"之称。黄佐（1489~1566）参加廷试，五试皆为第一，一生著述甚丰，多达460余卷，其中编纂的志书就多达200余卷。他编纂的《广东通志》影响最大，为后世广为传诵，奉为史志经典，时人誉为奇才。其八世孙黄培芳（1778~1859），自幼好山水游，一闻登临览胜，便神色飞动，为后世留下不少清新淡远、格调优雅的诗篇佳作。"乱松吹送海涛风，尽日看云拉远公。青壁万寻溪一曲，桃花开向水声中。"就是在这种平淡朴实的吟唱中，他的诗给人以一种豁然开朗、清新明快、神清气爽的感觉。因此，后人称他为"岭南诗坛上最杰出的山水诗人"。同时，像他的先辈黄佐编撰《香山县志》和《广东通志》那样，他也参与了道光朝的《香山县志》和《新会县志》等的编纂，并自撰《香山志》一卷，对家乡的山川、人民、政事、风物等均作了细致的记述，为后世修史保存了珍贵的资料。总体上看，明代入仕为官的香山人，在数量上还不算多，影响也不够大。

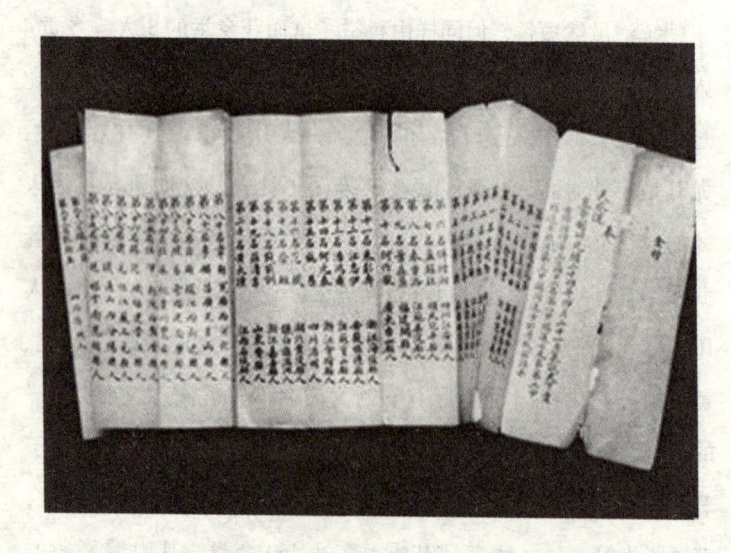

清光绪二十四年（1898）的文举小金榜

到了清代，香山岛周围大片海域在潮汐和珠江水的双重作用下，泥沙沉积、升高，并逐渐露出水面，历经移民围垦改造后，形成了河网纵横、绿野平畴的沙田水乡。香山的经济社会在移民大量进入和中外商贸活动常态化后得到进一步发展，乡村与城镇的商品交换和人口流动也比过去有了明显加强。生产力的进步,加快了社会分工,香山文化教育因此出现了前所未有的变化。最能集中反映这一时期香山县文化教育状况的是参加科举考试的人数不断增多。在1905年科举制度废除前的200余年内,香山破天荒地有了2名探花、107名进士、721名举人,另外还有贡生、监生589名。何吾骗(1581~1651)、郑一岳(？~1644)的书法,伍瑞隆(1585~1668)、蒋莲(1796~?)、鲍俊(1797~1851)、黄培芳的绘画,黄子高的篆书等,在当时也是颇有影响力颇受欢迎的书画艺术作品。康有为就曾对道光年间香山的黄子高(1794~1839)作过这样的评价:"篆法茂密雄浑,迫其斯相(指李斯),自唐后碑刻,罕见侪匹。虽博大变化,不逮完白(指邓石如),而专精之至,亦拔戟成队,此犹史迁之于班固,昌黎之于柳州,一以奇变称能,一以摹古擅绝,亦未能遽为优劣。"康有为自己即是晚清著名的书法大家,对古碑文和金石器物均有深入研究,并有书法艺术专论《广艺舟双楫》存世,其"尊碑"之说和采用"圆笔"作碑体的方法,深受海内外人士的喜爱。他对香山黄子高书法艺术的好评,自然不是虚言。

进入近代以后,因交通、通信工具的逐步采用,中外通商口岸的相继开辟,清政府的地方控制相对松弛,人口垂直和水平流动日益增强,各种出版物大量发行,社会分工日趋专业化,使处在江海包围之中的香山有了变劣势为优势的机会。江海曾是香山与周边地区联系的天然障碍,但在科技逐渐发达的近代中国,江海成为通往世界的坦途;地处边疆海域,曾是荒蛮之地、化外之区的香山,在生产力迅速提高的近代中国,却逐渐成为珠江三角洲的鱼米之乡;海禁和闭关自守的政策,曾是地处沿海的香山对外交往的桎梏,在炮口下被迫对外开放的晚清时期,却风云际会地成了买办之乡和华侨之乡;香山毗邻澳门、香港,襟江抱海,曾是海上走私和海盗泛滥及中外矛盾聚集的不安之地,在清末民初报纸杂志、学堂学会、邮政电信蜂拥而至的年代,却成为思想解放和文化启蒙的摇篮。

19世纪和20世纪初,世界科学技术的进步和生产力的提高,扫除了天然的障碍,突破了人为的防线,拓展了世界的空间,拉近了各国各地区之间的距离,加速了文化的传播和思想的交流,推动了近代中国的社会变革。香山也在这种经济全球化和社会现代化的浪潮中,较早地开启了学习西方思想文化和科学技术的闸门,香山人在中西文明和古今文化的碰撞中,较早地实现了思想观念和价值取向的创造性转化,在这种千年未有的大变局里自觉地追寻着国家富强、民族振兴和人生幸福的梦想。

1872年,中国第一位在美国耶鲁大学毕业回国的香山人容闳,经过17年的游说和动员,终于实现了他梦寐以求的幼童留美计划,首批留美幼童正式从中国启程赴美留学,开启了近代中国官费留学的先河。他在1854年于美国耶鲁大学毕业时,曾将自己的理想概括为"以西方之学术,灌输于中国,使中国日趋于文明富强之境"。在容闳看来,中国之所以落后,根本的原因是缺少懂得现代化知识的人才;如果能设法选派许多人去美国留学,现代人才培养出来了,中国自然就有救了。在先后选派美国留学的120名幼童中,广东83名,而香山占39人,香山幼童的人数约占全国总人数的1/3。在当时还处在封闭保守状态的中国,香山人踊跃报送幼童赴美留学,可谓惊世之举,但也凸显香山人思想解放、观念超前、敢为人先的精神和品格。120名留美幼童虽然因清政府反对派的阻挠最终未完成学业而中途回国，但他们后来大多成为晚清至民国时期中国走向现代化的重要推动者和参与者。其中唐绍仪（1862～1938）、梁如浩（1861～1941）、欧阳庚（1858～1941）、蔡廷干（1861～1935）、唐国安（1858～1913）、蔡绍基（1859～1933）、容星桥（1865～1933）等39位香山人，在近代中国的政治、外交、军事、教育、铁路等方面都做出了具有开创意义的历史贡献。首倡者容闳因而也被誉为"中国留学生之父"。

在近代中国社会急剧转型的大变动、大转折的年代，香山人热情浪漫的性格和开放包容的胸怀，以及务实进取、敢为人先的精神特质，夯实了香山文化，也造就了一大批文化名家。容闳以其出色的才干和"惊世骇俗"的幼童赴美留学计划，赢得了"中国留学生之父"的称号，也为香山社会的观念更新和社会结构变动吹响了号角。郑观应精心编撰的《盛世危言》一书，甚至使人们只记得他是一位充满民族智慧和忧患意识的爱国主义者、改良主义思想家，而忘却了他的买办商人的身份和洋务企业家的名声。他不仅率先公开提出中国实行君主立宪的主张，系统论述了"兵战"不如"商战"的商战思想，而且他最先提出成立商会，保护工商业，在中国举办世博会。《盛世危言》曾经是毛泽东很喜欢的书，毛泽东曾明确地表示："《盛世危言》继续引动我求学的欲望。我已经厌倦我在田里的工作了，这自然是我父亲所反对的，我们为这事发生争执，最后我从家庭中出走。"在湖南偏僻的农村韶山冲，青年毛泽东居然能读到郑观应的《盛世危言》，并在几十年后还能清楚地记起当年阅读后的反应，可见《盛世危言》流传之广，也可知郑观应思想影响之深。

20世纪初，西方各种社会思潮异常活跃，中国知识界和思想界也深受影响。其中无政府主义思想在中国一度受到热捧。香山人刘师复（1884～1915）不仅以宣传无政府主义为职业，而且组织暗杀团，反对强权。辛亥革命前他是典型的民族主义者，"立志反满、思念光复"，先后在广州和杭州成立了晦鸣学社和心社，宣传无政府主义，变成了一位彻头彻尾的无政府主义者。他在当时的青年中影响甚至可以与陈独秀比肩。他的弟弟刘石心和妹夫郑佩刚等受他的影响，也加入了无政府主义思想的宣传和活动，成为早期无政府主义思潮的重要推动者。社会主义运动兴起后，中国有不少人作出积极反应，其中孙中山、梁启超、朱执信等就曾撰文介绍，但既不系统也不全面。最早宣传社会主义和马克思主义的人，在中国北方是李大钊，在中国南方则是香山人杨匏安（1896～1931）。年轻时的杨匏安曾接触过康有为、梁启超、孙中山的思想，也了解无政府主义和郑观应的改良主义思想。1915年在日本留学期间，他开始接受马克思主义和社会主义学说。1917年俄国十月革命爆发后，杨匏安积极撰文宣传马克思主义唯物史观、政治经济学和科学社会主义学说，成为我国南方最早宣传马克思主义的先行者。近代中国，从容闳、郑观应、孙中山到刘师复、杨匏安，香山人不仅主动地开眼看世界，以开放的姿态和博大的胸怀积极地向西方寻找救国救民救世的真理，而且还以革命者和实践者的名义,不顾一切地推动着中国的思想启蒙和社会变革。

海纳百川,有容乃大;壁立千仞,无欲则刚。开拓创新、兼容并蓄是香山人的文化性格,也是他们的精神气质。近代中国的香山,地处东南沿海,临近穗、港、澳,受西方近代文明影响较早且深。香山人不仅见多识广、信息灵通,而且思想活跃、反应敏捷,具有强烈的好奇心和探索欲望,愿意大胆创新、大胆开拓,打破陈规陋习,在不同的领域、不同的行业和不同的职业中,实现个体的生命价值。半僧半俗的香山人苏曼殊(1884~1918),在诗文、绘画、翻译等方面均有较高的造诣,为近代中国的文学界、艺术界和宗教界贡献了不少精品佳作。他既诚心参禅拜佛,又热烈追求爱情;既向往民主革命,改造旧世界,建设新社会,又放浪形骸,沉迷于声色犬马之中。他那复杂多变的性格,为后人留下了不少传奇佳话。柳亚子称他是举世公认的才子,他的好友刘三说他才绝、画绝、痴绝。曾经参加辛亥革命、追随孙中山的香山人萧友梅(1884~1940),是我国著名音乐教育家、作曲家和音乐理论家,是近代专业音乐教育的重要奠基人与开拓者,是我国专业音乐创作与新音乐实践的先行者。1901年在广州时敏学堂毕业后,萧友梅赴日本留学,1904~1909年一直在东京音乐学校注册学习钢琴和唱歌,1912年赴德国留学,1916年毕业于莱比锡大学哲学系,获博士学位,其毕业论文《17世纪以前中国管弦乐队的历史的研究》,是我国第一部专门研究中国古代乐器、乐队史的专著。1920~1929年萧友梅先后担任北京大学音乐传习所、北京女子大学文理学院音乐系和北京艺专音乐系的主要领导。这些专业音乐教育机构不仅开北京专业音乐教育之先河，而且是当时国内专业音乐教育之翘楚。作为作曲家的萧友梅，一生共创作了100余首声乐、器乐作品，其中大部分为声乐作品，集中于《今乐初集》《新歌初集》和《新学制唱歌教科书》中。作为音乐理论家，萧友梅留有60余篇极为重要的音乐论著，其中《普通乐学》《和声学》等著作是明确为音乐教育所撰写的教材。在音乐界，他较早提出对中国传统音乐加以整理、记录与研究，同时使之成为现代中国音乐创作的参考对象，从而使中国新音乐不失其民族性。

如果说萧友梅是热心于西洋音乐在中国传播和倡导西洋音乐中国化的杰出代表，那么香山人吕文成（1898~1981）则是将粤乐推陈出新、发扬光大的一代宗师。他们一个倾心于西洋音乐的中国化，一个致力于粤乐的民族化，体现了香山人在近代中西文化碰撞中的开放心态和创新精神。吕文成不仅是集创作、演奏（唱歌）、乐器改革、音乐教育于一身的一代宗师，还是第一位专以广东音乐的演出和创作为生的音乐家。他创作的作品较刘天华多，在作品的情感表达方面较华彦钧丰富。他不仅有反映市民生活情趣和描写景致的作品，更有表达爱国主义热情的佳作。他一生演唱、演奏录制的乐曲及广东乐曲量最多，据统计有270多张唱片。其谱写的广东乐曲，如《平湖秋月》《步步高》《醒狮》《烛影摇红》等数以百计，脍炙人口，至今依然为人们所喜闻乐奏。其对高胡乐器的改革与创建，也是对胡琴艺术发展的里程碑式的贡献。他成功地创制了一件新乐器,成为广东音乐高胡演奏艺术的奠基人,促进了广东音乐的发展。他擅长演奏,更带头演唱粤语歌曲,被认为是香港粤语流行歌曲的先驱人物,其演唱的一些粤剧子喉曲目已经成为粤剧经典。可以说,他远非一般意义上的演奏家,而是一位有着渊博学识和音乐涵养的艺术家。

在深受香山本地山川水土、风俗习惯、文化教育等熏陶的同时,香山人也受澳门和香港两地生动鲜活的西方文化的浸润,特别是西洋美学思想、艺术流派和审美情趣等的影响,在书画艺术和表演艺术等方面,香山人同样有着非凡的表现。被誉为岭南画派的杰出代表人物的方人定(1901~1975),既认同岭南画派又超越岭南画派,突破了岭南画派的花鸟、山水题材,而以人物为主题,以现代生活为对象,以融合东西的画法,在人物画上独树一帜,为岭南画派的传承与发展,做出了不可磨灭的贡献。他的《到田间去》《闲日》《雪夜逃难》《风雨途中》等作品,贴近大众、反映生活、诗意盎然。他痛恶中国人物画的反时代性和逃避现实性,努力把时代精神注入他的作品之中,以现代生活感情为描写对象,这种大胆的作为,不可不说是人物画的革命者。另一位著名美术史家、美术评论家、书法家、漫画家、作家,是在艺术上推陈出新的黄苗子(1913~2011),其笔墨同样与时俱进,书法艺术创作总是随着时代变迁而改变,有着融合古今、通达社会的精神气魄。其散文、随笔、评论,幽默风趣,深入浅出,引人入胜。他的父亲黄冷观(1883~1938)也是当时颇有名气的文化人,还是孙中山民主革命的追随者。黄苗子在20世纪三四十年代先后任《大众画报》《小说》半月刊的编辑,从事漫画创作,与活跃在上海等地的知名文化人士交往甚密,成为文化名人圈子里的核心人物。他兴趣广泛,勤奋朴实,为人真诚洒脱,精明能干,当过编辑,也做过经理,但一辈子还是最喜欢文艺创作,著有《货郎集》《青灯琐记》《风雨落花》等多部散文集,还有《牛油集》《三家诗》诗集和美术论著《吴道子事辑》《八大山人传》《画坛师友录》《艺林一枝》等,更有书画集《黄苗子书法选》《中国书法精品选——黄苗子》《苗子杂书》等。他涉猎十分广泛,著述尤为丰富,可谓著作等身,学贯文史,游于艺文。还有一位与黄苗子有共同爱好又交往密切的中山人方成(1918~),学化学出身,原名孙顺潮,中山南朗左步村人。早年学的是理工科,但年轻的时候就爱上漫画和艺文,尤其喜欢谈幽默、说滑稽。创作过许多讽刺性的漫画,也写过不少针砭时弊的杂文,出版有《报刊漫画》《幽默·讽刺·漫画》《笑的艺术》《滑稽与幽默》等10余部理论著作和《挤出集》《高价营养》《画里话》《画外文谈》等10多部散文集,同样是著作等身,硕果累累。尤其是他在漫画创作和幽默理论研究方面,有独到的见解,形成自己的风格,善于将抽象的事物变成具象的东西,总是巧妙地将思想哲理的表达变成幽默诙谐的微笑,将针砭时弊的投枪化作温和善意的提醒,其思想和艺术高强度的化合作用,常常让人在叹为观止的同时受到有益的启发。与黄苗子、方成同时活跃在20世纪三四十年代中国漫画艺术领域的,还有一位著名的女性,她就是中山人梁白波。梁白波早年曾在新华艺专和西湖艺专学过油画,后去菲律宾的一所华侨中学教美术。1935年回到上海，开始为《立报》画"蜂蜜小姐"，深受同行和社会各界的好评与高度关注。她还为左联五烈士之一的诗人殷夫的诗集《孩儿塔》画过9幅插图，为该诗集的解读和推介起了重要作用。同行认为她不是一位寻常的女性，既有不吝施舍的精神，也有大胆占有的勇气。在我国凤毛麟角的女漫画家中，她可谓是艺坛上的一颗彗星。

绝代风华阮玲玉

在影视界，香山人也是中国电影事业的重要开拓者和推动者。一代影星阮玲玉（1910～1935），虽然生在上海，但根在香山。因家贫无力升读中学，16岁便考入上海明星影片公司，主演的第一部影片是《挂名夫妻》，随后在短暂的不到10年的时间里,先后主演了约29部影片,其中最有代表性的作品是《野草闲花》《三个摩登女性》《神女》《新女性》等。阮玲玉并没有受过系统的训练,上学读书时间也不长,但她以香山人那种勤奋好学、敢于尝试和自我超越的精神,成功地塑造了新旧交替时期的中国女性的新形象,无声地谴责了当时社会的丑恶。她自然质朴而又富有深刻内涵的表情和形体动作,细腻、准确、传神地表现出人物内心的活动和灵魂的震颤,使不可能凭借对话和字幕的默片,成为当时一些人在文化生活中的精神慰藉。尤其是在《神女》中,她那"清丽优美"的表演风格和善于刻画人物性格的天才演绎,赢得广大观众的喜爱。她主演的作品成为默片时代的经典作品,代表着默片表演艺术的最高水平。与阮玲玉同时代的还有香山人郑君里、黄绍芬和张慧冲等,在早期电影发展史上也占有一席之地。郑君里(1911~1969)生在香山,长在上海,艺术学院戏剧科班出身,曾参加中国左翼戏剧家联盟,是左联行动纲领的起草人之一,也是著名的喜剧电影艺术家。1932~1937年先后参加《大路》《新女性》等20多部电影的拍摄,并参与《娜拉》等话剧的演出,是当时著名的"小生"之一。抗战胜利后,他参与导演拍摄了《八千里路云和月》《一江春水向东流》《乌鸦与麻雀》等著名电影。1949年后又导演了《林则徐》《聂耳》《枯木逢春》等多部优秀电影。尤其是他和蔡楚生合作的《一江春水向东流》,被誉为抗日战争胜利前后的编年史式的银幕巨作,此片分为《八年离乱》和《天亮前后》两集,首映时曾创下连续放映3个月、观众达70多万人次的历史纪录。

该影片将历史进程客观性与人物命运传奇性有机融合,通过人物之间的复杂关系,揭示出各种社会力量或明或暗的矛盾冲突,表现了当时中国政局的整体面貌。与郑君里同时代的从事电影事业的黄绍芬(1911~1997),自幼在家乡香山上学,1925年到上海,在人民影片公司当学徒、做童星、学照明、洗印和摄影。1929年与孙瑜合作拍摄处女作《故都春梦》,一炮打响,轰动影坛。其后又拍摄了《闲花野草》《天伦》等多部影片。1933年参加左翼文化运动,还先后与田汉、孙瑜、欧阳予倩、蔡楚生、司徒慧敏、沈浮、聂耳等人合作,拍摄了《三个摩登女性》《母性之光》《艺海之光》等影片,受到社会的广泛好评。1953年他任上海电影制片厂摄影总技师,与导演桑弧合拍了第一部彩色戏曲片《梁山伯与祝英台》,该片荣获1954年第8届国际电影节的"争取自由斗争奖",1955年获第9届国际电影节映出奖。他拍摄的《女篮五号》《聂耳》《白蛇传》等多部优秀影片,曾多次获国际国内大奖。他和郑君里、阮玲玉为中国电影事业的发展作出了具有开拓性、创新性和里程碑式的卓越贡献。

在文化教育界,近代中国的香山同样涌现出一大批文化名人和教育名家。著名的出版家、文化巨匠王云五(1888~1979),早年在家乡香山南朗泮沙村度过,7岁到上海,14岁当学徒,晚上学习英文。16岁在同文馆修业,并在一家英文夜校当助教,不久又成为益智书室唯一的教师。1908年10月,受聘为中国公学教师,与当时革命党人于右任和宋氏三姐妹之父宋耀如共事,门生中有后来大名鼎鼎的胡适。与许多人出国留学或受过正规的学校教育不同，王云五几乎是自学成才，英语、粤语、上海话、官话说得十分地道。民国初年，曾受孙中山和蔡元培的赏识，被同时聘为秘书，他上午在临时大总统孙中山办公室做秘书工作，下午则到教育总长蔡元培处办公。后来他虽然做过商务印书馆的总经理，甚至官拜"行政院副院长"等职，但他一生倾情于文化事业，并在文化研究和出版事业上颇有建树。他发明了"四角号码检字法"，策划编辑出版了《万有书库》《百科小丛书》，创造了一种新的图书分类法，引进了西方泰勒式的现代经营管理办法。他一生著作甚丰，有20余部著作问世，其中百万字以上的巨著5部，发表文章100余篇。他自称家财"四百万"，即"四角号码检字法"、《百科小丛书》《万有文库》。他善于自学，博览群书，曾总结读书的目的和方法有14项，即立志、奠基、选题、循序、明体、提纲、析疑、比较、专志、旁参、耐劳、持恒、钩元、备忘。对古籍的研读方法，在他看来有高处俯瞰、细处着眼、淘沙见金、贯珠成串、研究真相、开辟新路6法。可以说，王云五真正是博采众长、融会贯通、推陈出新的一代文化奇才。

近代香山自容闳、黄胜、黄宽出国留学开始，到39位幼童赴美留学，形成了出国求学和兴办新式学校的热潮。不仅香山县域内新式学堂纷纷设立，过去的私塾开始转轨改制，适应新的教育体制和办学理念，而且也涌现出了一批热衷于新式教育的教育名家。唐国安（1858~1913），第二批留美幼童之一，1881年回国后，从事铁路、采矿、教学等工作。1907年受命为清华学校会办，负责选派赴美留学生工作。在任期间不仅亲自选派和护送第一批 47 名留美学生,而且在主持教务工作时大胆改革,使清华学校得到快速健康发展。著名教育家陈鹤琴在《我的半生》中对唐国安颇为称道:"他是一个基督徒,待人非常诚恳,办事非常热心,视学生如子弟,看同事如朋友,可惜做了(校长)不久,就得病去世了,我们都觉得很悲痛,好像失去了一个可爱的慈母。"另一位香山人钟荣光(1866~1942),虽然 28 岁中举,但追随孙中山从事民主革命,先投身报业,后转而专心教育。民国初年出任过广东军政府的教育司司长,致力于改革旧学、提倡新学。1914 年,钟荣光曾赴纽约哥伦比亚大学选修教育,研究西方教育原理和办学经验,创办《民气报》。1917 年回国,推动创办岭南农业大学。1924 年任岭南大学监督的钟荣光,到美国为岭南农业大学筹款。1927 年,岭南大学从美国人手中收回,由中国人自办,钟荣光成为首任董事会主席兼校长。他主持把独立的岭南农业大学并入岭南大学,改为岭南农学院。1927~1939 年,钟荣光一直担任岭南大学校长,也培养了如音乐家冼星海、画家司徒乔、诗人梁宗岱、革命家廖承志等一大批人才。他曾自撰挽联陈述一生功业:

三十年科举沉迷,自从知罪悔改以来,革过命,无党勋,作过官,无政绩,留过学,无文凭,才力总后人,唯一事功,尽瘁岭南至死。两半球舟车习惯,但只任务完成为乐,不私财,有日用,不养子,有徒众,不求名,有记述,灵魂乃真我,几多磨炼,荣归基督永生。

他和唐国安,虽然一个受西方现代教育早,一个接受中国传统文化多,但都是虔诚的基督徒,都有献身教育、培养人才的高尚情操。

这些在近代中国历史上赫赫有名的文化名家,活动在不同的学科领域,生活在不同的时代。有的少小离家,在外面的世界演绎了自己的精彩人生,故乡中山(香山)只是其生命中一段难忘的记忆;有的生在他乡,长在他乡,甚至根本就未曾回过祖居地,中山(香山)对于他们来说,仅仅是一种历史记忆。其实,无论是生在中山长在中山又成名于中山的文化名人,还是祖籍香山而生长在异地他乡的文化名家,他们都与中山的地理与人文血脉相连。就像方成先生所说的那样,在外面说北京话,在家说中山南朗话,按中国的习惯他们是广东人或中山人,在情感上和文化上他们还与中山有着千丝万缕的联系。因此,无论是香山县时期的名人名家,还是中山县时代的文化名人,都应是今天中山历史的一部分,他们都有着共同的历史渊源,有着共同的文化基因,集中体现了香山人的文化性格和创造精神。

4 航空英雄的冲天梦想

人类在远古的时代,就幻想着有一天能像鸟儿一样在高空中自由飞翔,产生了不少关于腾云驾雾、飞天巡游的神话传说和民间故事。如嫦娥奔月、牛郎织女的传说,就带有神话的意味,而孙悟空腾云驾雾,一个跟斗翻十万八千里的故事,更神乎其神，引人入胜。如果说敦煌莫高窟里的飞天壁画，印证了人类飞天的梦想的话，那么飞机的发明，在一定程度上则实现了人们飞天的欲望。

但是，直到1903年12月7日，人类飞天的梦想才迈出实际的一步。这一天，美国人莱特兄弟经过4000多次的试验，驾着自制的飞机终于试飞成功，实现了自古以来人类飞天的梦想。遗憾的是，这个世界上第一架飞机"莱特1号"，在空中只停留了59秒，高度只有5米，飞行的距离也只是短短的260米。广东恩平华侨冯如受莱特兄弟研制飞机的启发和激励，于1909年9月21日驾驶着由自己精心研制的飞机，在美国奥克兰上空试飞成功，他飞行的高度略比莱特兄弟的高，航程达到了850米，约为"莱特1号"机的3.3倍。

冯如研制的飞机试飞成功后，孙中山在《加利福尼亚人民报》上看到了这一消息，喜形于色，并很快意识到飞机在革命战争中的重要性。

1910年5月31日，孙中山在给李绮庵的信中说："飞船习练一事，为吾党人材中之不可缺，其为用自有不可预计之处……兄既有志此道，则宜努力图之。"他看到了飞机在军事上的作用，也意识到航空人才的需要。

1916年9月14日，他在回复萧汉卫的信中又特别强调："飞机一物，自是大有利于行军，惟以无尺寸之地之党人，未有用武之地以用此耳。……如卓文兄欲研求之，为发难得地后之用，未尝不可也。"

1911年12月，他给海外的同志写信，要求他们"谋设飞船队,极合现时之用,务期协力助诚,以为国家出力"。到了1915年,孙中山更明确指出"飞机将是未来战争制胜之武器"。

1921年,关于《国防计划》一事,在致廖仲恺书中,孙中山又就飞机场的建设、军用飞机的制造、聘请外国技术人员和陆、海、空三军作战的相互配合等问题展开了探讨。1924年5月,孙中山在黄埔陆军军官学校成立时,更明确地指出:

> 自航空机参加战斗序列后,在国际主权之划分言之,往昔所争之领土领水,今有领空之划分,造地球形成以来之异象,就其效力言之,已打破兵舰、潜艇、战事等之偏枯性能,极控制三军之能事。故欲因现代国防上之需要,非扩充军力量不为功。

可以说,孙中山此时已形成了比较完整的"航空救国"思想体系。他敏锐的洞察力和高瞻远瞩的战略眼光,很快得到海外华侨和革命党人的积极响应。尤其是海外香山人,在国外的切身经历,使他们更加理解孙中山"航空救国"思想主张的真意,更懂得飞机在革命战争、国家建设中的战略地位和重大作用。香山人那种似乎与生俱来的务实灵活、开拓创新、敢于冒险、勇于尝试的文化性格,也是他们对飞机这个新生事物产生浓厚兴趣的心理基础和接受前提。

1914年,孙中山在日本创办中华革命党航空学校时,就得到旅美、加拿大、日本等国的华侨和留学生的支持,报名者

130 余人，最后录取了 40 名。1915 年，孙中山又派林森赴美筹训飞机师，最后挑选了 20 名优秀学员送入美国纽约寇蒂斯航空学校深造，部分被送到美国加州红木城飞行学校学习。这批人中，尤以香山华侨子弟最为出色，如杨仙逸（1891～1923）、张惠长（1889～1980）、陈庆云（1897～1981）、吴东华、杨官宇（1901～1970）、刘植炎（1898～1988）、卢维溥、陈神护、李培芬、黄璇等。他们学成回国后，成为中国早期航空事业的开拓者、教育者和领导者。他们分别担任过航空队队长、航空学校校长、航空学校教育长、航空局局长、飞机制造厂厂长、空军总司令、中央航空署署长等。杨仙逸、张惠长、陈庆云后来还晋升为中将。

其实，驾着飞机在蓝天上像鸟一样自由地飞翔，开始时并不是一件轻松的事情，而且时刻都有生命的危险。早期飞机频频出事，更何况驾着飞机去与敌人作战，这种危险是谁都能想象到的。但是，人们并没有因为失败和危险而退却，而是勇往直前，正是无数人的失败和千万人的冒险，科学技术才能不断向前推进，人类社会才一步步从愚昧走向文明。香山华侨青年，从来就没有考虑过失败和危险，他们只是一心想借助世界上最先进的飞行工具——飞机，有效地打击敌人，夺取革命的胜利，很好地为革命和建设提供更优质的服务。在当时中国绝大多数人还不了解飞机或根本就不知道有飞机这回事时，香山华侨和香山人已经看到了飞机对于人类社会的益处和光辉前景，并积极参与中国早期的航空事业，可谓得风之先，开气之先。

从 1911 年孙中山先生倡导"航空救国"开始，到 1945 年抗日战争胜利，前后共 34 年，有 100 多位香山人献身于中国的航空事业。据有关资料统计,有明确身份的共 81 名香山人,其中有 48 人是归国华侨,14 人是港澳青年。在被广东省列为航空先驱的 10 人当中,香山籍的有杨仙逸、张惠长、陈庆云、朱卓文 4 人;有 26 位在民主革命和抗日战争中屡立战功,为国殉职。以外,有的还参加过盟军空军对德日法西斯作战,为祖国争得了荣誉,也为世界人民赢来了和平。

在这些为中国人的飞天梦想和民族复兴而默默地奉献的香山华侨子弟中,最让人感动的是杨仙逸,最令人惋惜的也是杨仙逸。杨仙逸(1891~1923)从小就受孙中山的影响,积极实现"航空救国"的梦想。在夏威夷大学预科毕业后,他转到加利福尼亚哈里大学攻读机械专业,毕业后又转到纽约迦弥斯大学航空大学,攻读水陆飞机结构性能及驾驶技术,获美国航空协会授予的飞机制造兼飞行员的甲种学位,以及万国飞行会水上飞行和陆上飞行的执照,成为檀香山华人中拥有飞行技术的第一人。

为响应孙中山"航空救国"的号召,杨仙逸的父亲杨著昆(1853~1931)先生和檀香山其他华侨,筹办了中华飞船公司,杨仙逸负责这个公司的飞机设计和制造工作。1916 年杨仙逸怀着致力于民主革命事业的强烈愿望回到祖国,在上海见到孙中山后,他详细地拟定了创办空军的具体计划。1918 年在广州,孙中山正式成立了航空处,组建援闽粤军航空队。从美国航空学校毕业的香山籍青年张惠长、杨官宇、吴东华、李培芬、刘植炎、卢维溥、朱慕飞等人,纷纷加入航空事业的队伍中来。他们后来在孙中山领导的抗击军阀、弭平叛乱的武装斗争中，均起了不可替代的积极作用。

万事开头难，为了研制飞机，杨仙逸殚精竭虑地翻阅大量的飞机制造方面的资料，思索着飞机的设计和制造。功夫不负有心人，1923年7月，中国人用自己的设备、自己的智慧，设计制造了第一架飞机，孙中山高兴地称它为"洛士文"号。试飞那天，宋庆龄主动与黄光锐一起参加试飞，成为第一位参加试飞的中国女性。孙中山也为试飞的成功感到高兴，欣然挥笔书写了"志在冲天"的条幅送给杨仙逸。这个条幅一直被杨仙逸的后人精心保存着，直到1981年改革开放后，杨仙逸的儿子杨添霭先生和夫人朱瑞安女士，才把它从美国带回中国，赠送给广东省人民政府，现作为国宝珍藏在广东省博物馆。

最令人遗憾又令人痛心的是，这位既有理想和才学又有朝气与活力的年轻人杨仙逸，在讨伐陈炯明的战斗中不幸遇难，时年仅31岁。壮志未酬身先死，长使英雄泪满巾。孙中山在无限悲痛之中含着泪水，伏案写信给杨著昆老先生。他在信中十分痛切地说："仙逸罹难，使我如失右臂。"杨仙逸下葬时，孙中山还为其墓碑题写了"杨仙逸之墓"五个大字，以志永久哀思。

但是，一个杨仙逸倒下了，千万个杨仙逸站了起来。中国的航空事业就是在开拓者的血汗和献身中崛起的。香山人就像愈挫愈奋的孙中山先生一样，有理想有勇气，孜孜以求，志在冲天。

在早期航空事业和空军队伍里，有几位英姿飒爽的女飞行员特别引人注目。一位是朱慕飞（1897~1932），香山张家边西桠村人，她父亲朱卓文（1873~1935）做过香山县县长。朱慕飞，原名朱慕菲，孙中山见她喜欢驾驶飞机，便将"菲"字改为"飞"，希望她为"航空救国"事业贡献力量。1921年5月，孙中山在广州任非常大总统后，成立航空局，委任朱卓文为局长。朱慕飞随表亲张惠长学习飞行技术，很快熟练地掌握了飞机飞行和修理的技巧和知识，成为中国第一位女飞行员，并驾机参加作战。另外两位是同村、同姓、名字同音的女飞行员欧阳英（1895~1920）与欧阳瑛（1896~1932）。欧阳英聪颖，爱好体育运动，骑马开车样样出色。20岁时与飞行员李培芬结婚，开始练习飞行，很快掌握了飞行的全套技术，能够单独驾机飞行，成为美国第一位女飞行员。教练称她是"难得的航空人才"。但不久在一次空难中丧生，令人不胜惋惜，年仅25岁。欧阳瑛，同样有志于航空事业，考入美国航空学校后，于1924年学成飞行，驾机从洛杉矶安全飞抵智利圣地亚哥，名震美国，总统亚历山大亲自接见了欧阳瑛。遗憾的是，1932年，欧阳瑛在一次空难中不幸丧生，年仅36岁。她们先后不幸罹难，固然令人心痛，但香山人志在冲天的决心和信心，并没有因此而消减，相反，她们的英勇事迹激发了更多的香山人沿着她们的足迹坚定地走下去。民国空军队伍里，杨官宇、郑守一、梁宋一、吴东垣、吴东华、刘炯光、刘锦涛、刘沛然、刘叔光、刘薇馨、刘炽徽、刘啸天、刘保生、刘龙光、陈神护、陈兆新、容章炳、容章浩、容仲伟、容广成、容兆明、林均能、林时汉、林毓桓、杨添森、杨耀森、杨华焯、郑梓湘、郑祖植、郑祖明、郑原邦、何泾渭、何守荣、雷昆照和近百名同乡的名字，永远镌刻在中国航空历史的纪念碑上。他们是我国现代航空的先驱和开拓者，他们忧国忧民、不怕牺牲的大无畏精神，将同样永远铭刻在历史的记忆里，也永远烙印在人们的心里。在当时不到120万人的香山县，同一时期出现100多位航空志士，这在全国都是十分罕见的。许多研究中国近代航空史的专家学者，对这一现象曾给予了高度的关注。

今天，人们站在中山南区北台村杨仙逸、杨官宇的故乡，或坐在飞机上俯瞰这块大地时，就会惊奇地发现，北台周围的山脉好像一架准备起航的飞机，犹如鲲鹏展翅，恰似大雁高飞。也许，香山这块形似飞机的风水宝地，早就注定了这里的人们志在冲天的命运。

如今，大多数中国人不一定了解中山人当年献身于航空事业时的艰难曲折，也不一定知道他们中许多人像杨仙逸那样，为航空事业献出了宝贵的年轻生命；但是，历史不会忘记，中山人民不会忘记。在他们的家乡中山市，就有许多纪念他们的活动和设施，"志在冲天"的雕塑也一度成为中山市的城市文化的象征。杨仙逸小学、仙逸中学、航空历史纪念馆、华侨中学等，都会勾起人们对航空先驱者的种种怀念，事事物物都会触发人们对往事的记忆。

"志在冲天"是早期中山人的追求和自我期许，同样也是今天中山人和中国人的理想与目标。

参考书目

1. 康熙《香山县志》、乾隆《香山县志》、道光《香山县志》、光绪《香山县志》、民国《香山县志》。
2. 中山地方志编纂委员会主编《中山市志》（上、下），广东人民出版社，1997。
3. 中山市人民政府地方志办公室编《中山市人物志》，广东人民出版社，2012。
4. 《中国国情丛书——百县市经济社会调查·中山卷》，中国大百科全书出版社，1992。
5. 中山市文化局编《中山市文物志》，广东人民出版社，1999。
6. 珠海市文物管理委员会编《珠海市文物志》，广东人民出版社，1994。
7. 中山市农业局编《中山市农业志》，花城出版社，1994。
8. 中山市外事侨务局等编《中山华侨志》，中山市印刷，

2011。

9. 中山市教育局教研室编《乡土中山》(1~5册),广东教育出版社,2008。

10. 李国瑞:《岐海商涛》,《中山文史》第30辑,1994年3月。

11. 邓开颂、黄启臣:《澳门港史资料汇编》,广东人民出版社,1991。

12. 方志钦、蒋祖缘主编《广东通史》(古代上册),广东高等教育出版社,1996。

13. 方志钦、蒋祖缘主编《广东通史》(古代下册),广东高等教育出版社,2007。

14. 方志钦、蒋祖缘主编《广东通史》(近代上册),广东高等教育出版社,2010。

15. 方志钦、蒋祖缘主编《广东通史》(近代下册),广东高等教育出版社,2010。

16. 王远明主编《香山文化》,广东人民出版社,2006。

17. 王远明主编《风起伶仃洋》,广东人民出版社,2006。

18. 王远明、颜泽贤主编《百年千年》,广东人民出版社,2006。

19. 王远明、胡波:《香山文化简论》,《中山文史》第60辑,2007年12月。

20. 丘树宏、胡波:《和美之城:中山》,中国青年出版社,2009。

21. 胡波:《香山买办与近代中国》,广东人民出版社,

2007。

22. 胡波：《走出伶仃洋》，广东人民出版社，2011。
23. 胡波：《商会与商道》，广东人民出版社，2009。
24. 胡波：《香山商帮》，漓江出版社，2011。
25. 胡波主编《铁城石岐》，武汉出版社，2011。
26. 胡波主编《人文香山》，广东人民出版社，2005。
27. 胡波主编《创意与创新：中山创新文化的历史审视》，河南人民出版社，2012。
28. 胡波编《名家说艺》，广东人民出版社，2011。
29. 黄晓东主编《珠海简史》，社会科学文献出版社，2011。
30. 刘居上：《中山交通故事》，广东旅游出版社，2007。
31. 刘居上：《香山星座》，珠海出版社，2002。
32. 刘居上：《中山通俗文化史》，中共党史出版社，2009。
33. 刘居上：《阜峰岐水》，《中山文史》第52辑，2003年12月。
34. 黄珍德：《官办自治》，文物出版社，2009。
35. 冯林润：《沙田民俗》，广东旅游出版社，2008。
36. 冯长春：《近现代广东音乐家研究》，暨南大学出版社，2012。
37. 黄启臣：《澳门历史》，澳门历史学会，1995。
38. 林乃燊、冼剑民：《岭南饮食文化》，广东高等教育出版社，2010。

39. 滕小松、卢德铭：《翰墨飘香》，岭南美术出版社，1997。

40. 陈永正选编《清代香山诗萃》，珠海出版社，2008。

41. 林凤群编著《岐海寻珍：中山民间文学拾萃》，珠海出版社，2008。

42. 甘建波：《香山钩沉》，《中山文史》第55辑，2004年8月。

43. 广东省中山图书馆、珠海市政协编《广东近现代人物词典》，广东科技出版社，1992。

44. 甘建仁主编《石岐历史文化——岐海九曲》，中山市新华商务印刷有限公司，2003。

45. 韩茂莉：《中国历史农业地理》（上、中、下），北京大学出版社，2012。

46. 林家有：《孙中山与中国近代化道路研究》，广东教育出版社，1999。

47. 茅家琦：《孙中山评传》，南京大学出版社，2001。

48. 易惠莉：《郑观应评传》，南京大学出版社，2001。

49. 钱钢、胡劲草：《留美幼童》，文汇出版社，2004。

50. 沈锦锋、陈锐明主编《珠海市人物志》，广东人民出版社，1993。

51. 黄鸿钊：《澳门史》，福建人民出版社，1999。

52. 王日根：《明清海疆政策与中国社会发展》，福建人民出版社，2006。

53. 郑德华：《广东侨乡建筑文化》，香港，三联书店有限公司，2003。
54. 周秋光、贺永田等著《中山慈善万人行研究》，中国社会出版社，2011。
55. 关履权：《宋代广州的海外贸易》，广东人民出版社，2013。
56. 谭棣华：《清代珠江三角洲的沙田》，广东人民出版社，1993。

史话编辑部

主　　任　宋月华

副 主 任　黄　丹　杨春花　于占杰

成　　员　（以姓氏笔画为序）
　　　　　　王　和　王玉霞　刘　丹　孙以年
　　　　　　连凌云　范明礼　周志宽　高世瑜

行政助理　苏运才

图书在版编目(CIP)数据

中山史话/胡波著. —北京：社会科学文献出版社，2014.8（2014.12 重印）
（中国史话）
ISBN 978-7-5097-5629-4

Ⅰ.①中… Ⅱ.①胡… Ⅲ.①中山市-地方史 Ⅳ.①K296.53

中国版本图书馆 CIP 数据核字（2014）第 021887 号

"十二五"国家重点图书出版规划项目

中国史话·社会系列
中山史话

著　　者 / 胡　波

出 版 人 / 谢寿光
项目统筹 / 宋月华　谢　安　　责任编辑 / 吴　超

出　　版 / 社会科学文献出版社·史话编辑部（010）59367215
　　　　　　地址：北京市北三环中路甲29号院华龙大厦　邮编：100029
　　　　　　网址：www.ssap.com.cn
发　　行 / 定制出版中心（010）59366509　59366498
　　　　　　市场营销中心（010）59367081　59367090
　　　　　　读者服务中心（010）59367028

印　　装 / 三河市尚艺印装有限公司
规　　格 / 开　本：889mm×1194mm　1/32
　　　　　　印　张：6　字　数：128 千字
版　　次 / 2014 年 8 月第 1 版　2014 年 12 月第 2 次印刷
书　　号 / ISBN 978-7-5097-5629-4
定　　价 / 25.00 元

本书如有破损、缺页、装订错误，请与本社读者服务中心联系更换

▲ 版权所有 翻印必究